MIT DER FLIEGE AUF FRIED-, RAUB- UND MEERESFISCHE

MIT DER FLIEGE AUF FRIED-, RAUB- UND MEERESFISCHE

MICHAEL JENSEN

Müller Rüschlikon

Originaltitel: Fluefiskerens nye udfordringer

Redaktion: Michael Jensen, Anna Grethe Jensen, Morten Valeur und Martin Hedegard

Fotos: Michael Jensen, Ulla Halkjær, Morten Valeur, Christian Eriksen, Jens Ploug Hansen, M. L. Giovannetti, Rudolf Bischoff, Thomas Vinge und Erwin Bauer

Layout: Morten Valeur

Aus dem Dänischen übersetzt
von Thomas Hasenkrug
Lektorat der deutschen Ausgabe: Frank Weissert
Einbandgestaltung: Nicole Lechner

ISBN 3-275-01331-9

Satz: Vaihinger Satz + Druck, D-71665 Vaihingen

Printed in Denmark

Über Michael Jensen

Michael Jensen erblickte 1961 in Aars (Dänemark) das Licht der Welt. Schon als kleiner Junge angelte er in den Gewässern seiner Heimat auf Bachforellen und Barsche. Als 29-Jähriger machte er sein Hobby zum Beruf machen und eröffnete ein Angelgeschäft. Unzählige Stunden verbrachte er mit Fliegenrute, Kamera und Skizzierblock an den Seen und Flüssen in ganz Skandinavien. Heute arbeitet Michael Jensen als Autor, Fotograf und Zeichner für eine ganze Reihe von skandinavischen Fachzeitschriften. Sein Debüt als Schriftsteller hatte er 1996 mit dem Buch über das Meerforellenangeln »Havørredens Byttedyr«.

Inhalt

Vorwort

Ein fesselndes Fliegenfischerbuch
Der Angler sitzt mit der Posenrute am Seerosenfeld, den weiten blauen Himmel über sich und denkt bei sich: »Eigentlich könnte ich die munter steigenden Rotfedern doch genauso mit der Fliege fangen...«
Recht hat er!
Michael Jensen unternahm diesen Weg bereits und kommt bis heute nicht davon ab. Er fängt die Fischarten, welche die meisten Fliegenfischer nicht interessieren – genau das jedoch oft nur aus Unwissenheit. Denn tatsächlich bereitet der Fang von zehn Rotfedern oder ein paar Döbeln im nächsten Fluss manchmal mehr Freude, als der eines Lachses während einer teuren und hektischen Angelreise. Mit Sicherheit führt dieses Buch dazu, dass sich mehr und mehr Fliegenfischer für das Angeln mit der Fliege auf »Nichtsalmoniden« interessieren und sich damit eine viel größere Welt erschließen.

Hobro, 6. Juni 1997

Anne Grethe Jensen

✦ ✦ ✦

Vorwort zur deutschen Auflage

Der Titel »Mit der Fliege auf Fried-, Raub- und Meeresfische« machte mich auf Anhieb neugierig. Denn das Potential des Fliegenfischens neben den Salmoniden ist noch längst nicht ausgereizt. Fischarten wie Rotfeder, Karpfen, Hecht und Barsch im Süßwasser sowie die bislang kaum genutzten Möglichkeiten der europäischen Küsten rücken nach und nach weiter in unser Blickfeld. Gleichzeitig ändert sich der Status von den Gewässern, die bislang als uninteressant für den Fliegenfischer galten.

Nach der Lektüre und dem Übersetzen dieses Buches stand für mich einmal mehr fest, dass der Fliegenfischer nicht auf den Forellenbach oder den Lachsfluss angewiesen ist, um seiner Passion nachgehen zu können. Und der reiche Erfahrungsschatz des Autors Michael Jensen aus seiner skandinavischen Heimat und den dortigen Möglichkeiten lässt sich ohne weiteres auf unsere heimischen Flüsse und Seen oder den nächsten Urlaub an Nord- und Ostsee übertragen. Selbst am Mittelmeer können Fliegenfischer die beschriebenen Meeres-Techniken erfolgreich einsetzen. Somit wünsche ich diesem Werk eine große Leserschar und uns Fliegenfischern neue, großartige Horizonte.

Thomas Hasenkrug

Steinenbronn, 1. Dezember 1999

✦ ✦ ✦

Einleitung

Fliegenfischen ist ein sehr ausfüllendes Hobby. Für einige ist es eine Lebenseinstellung, für andere fast schon eine Religion. Ich persönlich betrachte es einfach als die herausforderndste und interessanteste Art des Angelns – egal ob auf Forelle, Rotauge oder Hecht.

Die treibende Kraft in der Entwicklung des Fliegenfischens waren die Salmoniden. An ihrem Fang orientierte sich die Entwicklung von Ausrüstung und Technik über die Jahrhunderte. Jedoch entdeckten Fischer in vielen Ländern im Laufe der letzten Jahrzehnte, dass viele weitere Fischarten auf die Fliege warten. Auch im deutschsprachigen Raum leben Dutzende von Fischarten, die sich mit der Fliege an den Haken locken lassen. Im Salzwasser jagen unter anderem Hornhecht, Dorsch, Makrele oder Plattfische und in Seen und Flüssen schwimmen Hecht, Zander, Barsch, Karpfen, Brassen, Rotfeder, Aland und Blaufelchen.
Sie alle lassen sich mit der Fliege fangen. Es müssen nur die richtige Ausrüstung, eine entsprechend ausgerichtete Angeltechnik und geeignete Fliegenmuster zur Verfügung stehen. Dazu kommt ein wenig Neugierde und Pioniersinn.

In den letzten zehn Jahren konnte ich viele »neue« Fischarten mit der Fliegenrute fangen. Einige Arten befischte ich mit der Fliege, da es einfach logisch erschien. Andere aus Neugier oder weil andere Angler es für völlig abwegig hielten. Jede einzelne Fischart brachte mir etwas Neues bei. Das gilt besonders für zunächst scheinbar schwer zu lösende Probleme, wie man beispielsweise einem Zander am tiefen Grund eines Sees die Fliege präsentiert. Klappt es dann tatsächlich, erfüllt mich eine unbeschreibliche Freude.

Meine eigenen und auch die Erfahrungen einiger Freunde sind in diesem Buch zusammengestellt. Es erzählt Ihnen, wann, wo und wie Sie die Fische finden und welche Ausrüstung Sie benötigen. Außerdem stehen Vorschläge für fängige Fliegen zur Verfügung.

Das Leben ist viel zu kurz, um sich zu langweilen. Möchten Sie dabei die neuen Herausforderungen des Fliegenfischens annehmen, dann hoffe ich, dass Ihnen unsere Erfahrungen mit dem »alternativen« Fliegenfischen zu einem guten Start verhelfen. Endlich möchte ich nun all meinen Freunden und Angelkameraden danken, die zu diesem Buch beigetragen haben.

Vielen Dank an: Vagn Overgaard, Claus Wied, Kirsten Frederiksen, Henrik Leth, Per Vistisen, Jens Ploug Hansen, Jesper Post, John Larsen, Søren Flarup, Anna Grethe Jensen, Martin Hedegaard, Erik Simonsen und Morten Valeur für die Stunden draußen am Wasser.

Besonders danke ich Ulla und unseren Kindern Kasper und Daniel, denn sie mußten wieder einmal ein paar Monate mit einem geistesabwesenden Vater leben.

Viel Spaß!

Hvornum, 1. August 1997

Michael Jensen

Ein nächtliches Pioniervorhaben

Mitsommernacht. Schatten legen sich über den Hafen. Wie länger werdende, dunkle Finger bahnen sie sich einen Weg zwischen den Silos und Lagerhäusern hindurch. Nach und nach verschwindet der letzte blutrote Schein im Westen. Eine Schar Möwen schreit noch einmal, dann setzen sie sich auf einen rostigen und altersschwachen Kran, der sehr bedrohlich über dem Hafenbecken hängt. Jetzt sind die Möwen ruhig und bald kommen die Fledermäuse, um im schummerigen Licht der Laternen die Nachtinsekten zu jagen.
Ich werfe einen kurzen Blick auf meinen Kameraden, der die letzten Tropfen seines Kaffees in einem eleganten Bogen ins Hafenwasser schleudert und seine Thermoskanne zuschraubt.
»Jetzt ist es soweit«, sagt er mit fester Stimme. Ich habe keinen Grund, an seinen Worten zu zweifeln. Niels lebt und atmet fürs Angeln und Jagen – und es gibt kaum jemanden, der die Fjorde besser kennt. Ich strippe meine Sinkschnur auf den Boden der Jolle, und schicke den sehr schnell sinkenden Schusskopf in die Dämmerung. Die Jolle schwankt rhythmisch an der Ankerkette. Die Strömung ist schwach, macht sich jedoch bemerkbar. Am Ufer, 50 Meter entfernt von uns, sehen wir eine kleine Gruppe Angler, die auf den selben Fang wie wir warten. Zander! Sie angeln mit herkömmlichen Techniken. Die meisten mit lebendem oder totem Köderfisch. Einige Spinnangler mit Blinkern.
Wir dagegen setzen auf Fliegenruten und große, farbenprächtige Streamer, auf Keelhaken gebunden. Immer und immer wieder werfen wir die schweren Schnüre aus, lassen sie sinken, zupfen den Köder heran und hoffen auf den Biss.

Niels hatte ursprünglich die Idee zu unserem Ausflug. Er ist ein sehr guter Spinnangler und legte schon viele Zander auf die Schuppen. Ich wollte ihm schon lange das Fliegenfischen schmackhaft machen und vor einer Woche fiel er mit der Tür ins Haus: »Du behauptest ja, dass man alle Fische mit einer Fliege fangen kann«, sagte er eines Abends, als wir nur so da saßen und fast wahre Anglergeschichten austauschten. »Lass uns einen Abend zum Hafen fahren und es mit dem Zander probieren. Ich werde die Fische schon finden. Du musst sie dann nur noch fangen.« Von da an haben wir spezielle Fliegen gebunden, Schussköpfe gefertigt und Schnüre gespleißt. Niels ist sogar so weit gegangen, dass er eine neue Rute in seiner Rutenwerkstatt baute.
Und nun liegen wir hier und suchen die dunklen Tiefen mit unseren Fliegen ab. »Wir müssen ganz runter«, sagt Niels. »Es dauert noch eine Stunde, bevor sie näher an der Oberfläche jagen«. Ich werfe die Schnur erneut aus und zähle bis fünfzehn. Die Leine ist jetzt in Arbeitstiefe. Langsam und mit kleinen Rucken lasse ich die Fliege über den Boden gleiten. Ich kann die kleinen Rucke genau fühlen. Sie entstehen, wenn die Fliege an Hindernisse anstößt, die es in jedem Hafen gibt. Die Fliege ist jetzt so nah am Boot, dass sie aufzusteigen beginnt. Schnell ziehe ich die Schnur ein und werfe sie wieder aus. Beim Aufprall entsteht ein weißer Streifen auf dem nachtschwarzen Wasser. Ein Boot gleitet vorbei und ein paar Möwen ziehen beleidigt davon.
Während Niels auswirft, zähle ich wieder: 13-14-15, sie ist unten. Ich schaue zur Seite und fange den aufmunternden Blick auf, den Niels mir zuschickt.
»Die müssen hier sein«, murmelt er abwesend, während er versucht, in Gedanken bis zehn zu zählen. »Wir haben hier doch schon früher schöne Fische gefangen.«

Ich beginne mit dem Einholen, während ich versuche, mir den Weg der Fliege am Meeresgrund vorzustellen. Eines der größten Probleme und natürlich auch die größte Herausforderung beim Angeln in tiefen Gewässern, ist der fehlende visuelle Kontakt mit der Fliege, was zu »mechanischer Benommenheit« führen kann.
Mein persönliches Mittel gegen diese schleichende Müdigkeit ist meine Fantasie. Ich versuche mir das Aussehen des Bodens vorzustellen. Ich kann mich auf diese Weise viel besser konzentrieren und verleihe der Fliege durch entsprechende Bewegungen der Rutenspitze mehr Leben. Ich stelle mir gerade vor, wie die Fliege ein altes Damenfahrrad passiert, vorbei an einem ausgedienten Einkaufswagen des Supermarkts und um ein Stück Holz herum, als ich plötzlich einen harten Ruck verspüre. Das ist der erste Fisch des Abends. In der Dunkelheit, sechs Meter unter der Wasseroberfläche, hat er meine Fliege entdeckt. Ich handle instinktiv und setze den Anhieb. Die Rolle singt, während ich die rhythmischen Schläge des Fisches bis ins Handteil der Rute spüre.
»Jetzt haben wir ihn«, ruft Niels so laut, dass man es im ganzen Hafen hört.
»Wer sagt denn, dass es ein Zander ist?«, frage ich und versuche den Fisch an die Oberfläche zu ziehen, was mir jedoch nicht gelingt.
»Das sage ich«, meint Niels mit einer unheimlich sicheren Stimme, während er die Kurve meiner Fliegenrute betrachtet. Er behält Recht und wenige Minuten später halte ich meinen allerersten Zander in den Händen. Wunderschön, mit leuchtenden Augen im Schein der Taschenlampe. Es ist ein unbeschreibliches Gefühl. Wieder haben wir unseren Horizont im Fliegenfischen erweitert.
Der Fisch war nicht von der Größe, die Angelzeitschriften auf den Titel drucken, aber wir jubelten. Niels machte ein Foto und wir gaben dem Zander seine Freiheit zurück.
»Ich hab doch gesagt, dass es möglich ist«, sagt er immer wieder. Bei diesem Jubel von seiner Seite muss ich einfach lachen. Er hat schon so viele, wesentlich größere Zander gefangen, aber dieses kleine Kerlchen ist etwas ganz Besonderes.
Zehn Minuten später führe ich einen weiteren Zander an der Angel, er kann sich allerdings nach wenigen Minuten befreien. Doch das besitzt für mich keine Bedeutung. Wir packen zusammen und fahren heimwärts. Diese Nacht gehört uns.

Nachwort

Die Geschichte liegt nun schon einige Jahre zurück und vieles hat sich seit damals geändert. Meine Techniken entwickelten sich weiter und ich konnte inzwischen viele weitere Fischarten mit der Fliege fangen. Leider verlor ich inzwischen auch einen sehr guten Freund. Niels starb 1996. Viel zu früh, nach einem unfairen Kampf mit einer Krankheit. Aber die Erinnerung an ihn, an seine Lebensfreude und seinen Optimismus leben weiter in meinem Herzen, zusammen mit der Erinnerung an unseren ersten Zander.

Süßwasserfische

Die Fische im Süßwasser

Raubfische und die »Friedlichen«

Der Löwe, der in der afrikanischen Savanne ein Gnu tötet, der Adler, der sich ein Lamm holt und der Hecht, der blitzartig seinen Kiefer um eine Rotfeder schließt, sie alle stehen als Beispiele für jagende Raubtiere. Da kommt kein Zweifel auf.

Aber was ist mit einem Star, der einen Wurm aus der Erde zieht, mit einem Marienkäfer, der Blattläuse frisst und mit dem süßen Kätzchen, das auf dem Sofa mit einem Wollknäuel spielt. Sind das auch Raubtiere? Ich weiß nicht, wie Ihre Antwort ausfällt. Aber meine alte Tante würde »nein« sagen. Das ist natürlich total falsch. Denn ein fleischfressendes Tier ist ein Raubtier, egal von wem das Fleisch stammt. Einzige Ausnahme sind die Aasfresser.

Sehen wir in die Fischwelt, finden wir eine große Gruppe, die wir die Friedfische nennen. Dazu gehören unter anderem Rotauge, Brassen und Karpfen. Sie ernähren sich von Pflanzen und Wirbellosen, jedoch bei Gelegenheit genauso von Wirbeltieren. Und einem Jungfisch ist es egal, ob er von einem Hecht oder einem »Friedfisch« wie dem Karpfen gefressen wird. Sein Schicksal ist so oder so besiegelt.

Der Begriff »Raubfisch« steht jedoch generell für die Arten, die sich in erster Linie von größerer Beute wie Fischen, Fröschen und kleineren Säugetieren ernähren.

Die bequemen Räuber

Der Prototyp eines Raubfisches ist der Hecht. Genau wie das Krokodil veränderte er sein Aussehen und seine Lebensart seit Jahrtausenden nicht. Beide passten sich ihrer Umwelt perfekt an. Sie sind effektive Räuber und ihre Größe lässt sie am Ende der Nahrungsketten stehen. Meist bestimmen lange inaktive Perioden das Leben beider Arten, die nur durch kurze, heftige Jagden unterbrochen werden.

Eine Nahrungskette ist eine Reihe von Organismen die voneinander leben. In einem See könnte eine Nahrungskette zum Beispiel so aussehen: Pflanzenplankton – Wasserflöhe – Rotauge – Hecht. Oder: Entenfutter – Entenküken – Hecht. Es gibt Dutzende von Nahrungsketten, die ineinander greifen. Ihnen ist gemeinsam, dass sie immer mit Pflanzen beginnen und nur selten mehr als fünf Glieder haben.

Der Grund für diese eigentlich geringe Länge liegt darin, dass es zwischen den Gliedern einen großen Energieverlust gibt. Nur ein einziges Glied mehr erfordert einen enormen Zuwachs der Produktivität der unteren Glieder. Ein fünf Kilo schwerer Hecht frisst im Jahr das fünf- bis sechsfache seines Eigengewichts. Damit sie 30 Kilo Fleisch für den einen Hecht erzeugen, müssen die Beutefischchen Hunderte von Kilo an Wasserflöhen fressen und diese wiederum müssen mehrere Tonnen pflanzliches Plankton zu sich nehmen. Wie Sie sehen, könnten längere Nahrungsketten auf die Dauer nicht überleben.

Die ersten drei Fische, mit denen wir uns in diesem Kapitel beschäftigen, stehen am Ende ihrer Nahrungsketten. Sie lassen die Pflanzen und Kleintier fressenden Fischchen Energie sammeln. Danach ernten sie in einem Überraschungsmoment die gesamte Ausbeute. Die folgenden Arten zählen zu den Friedfischen, sind aus dem Grund aber trotzdem keine Vegetarier. Am Schluss des Kapitels kommt ein Lachsartiger an die Reihe, der meist übersehen wird.

Süßwasserregionen

Fließgewässer

Unsere Gewässer teilen sich in verschiedene Lebensräume auf. Die Fische, mit denen wir uns in diesem Kapitel beschäftigen wollen, haben jedoch alle ähnliche Anspüche an Ihre Umwelt. Im Gegensatz zu Forelle, Äsche und Lachs, die in den schnellfließenden Bächen und Flüssen beheimatet sind, schwimmen unsere »Hauptpersonen« in Seen und ruhigen Fließgewässern. Biologen teilen Wasserläufe in verschiedene Bereiche ein. Um die verschiedenen Haupttypen anschaulich zu machen, nehmen wir einen fiktiven Wasserlauf. Er entspringt in den Schmelzwassergebieten der Berge und endet im Flachland, wo er als Fluss ins Meer mündet.

Am obersten Anfang des Gewässersystems liegt die Forellenregion: kleine Bäche ohne Wasserpflanzen mit schnellem, sauerstoffreichem und kaltem Wasser. Hier oben kann von den Angelfischen nur die Forelle überleben. Danach folgt die Äschenregion. Das Wasser strömt noch immer schnell dahin, jedoch ist das Bett breiter. Noch immer beherrschen Steine das Flussbett, jedoch finden wir in den etwas tieferen Senken auch groben Sand. Dies ist die Domäne der Äsche als Leitfisch des Gebiets. Jedoch können sich in den tieferen Gumpen zudem Hechte einstellen.

Der nächste Abschnitt ist für uns am interessantesten. Neben der nach wie vor zügigen Strömung finden sich tiefere ruhige Stellen und Kehrwasser. Sandboden beherrscht das Bild und das Wasser ist bereits sehr nährstoffreich. Benannt nach der Hauptfischart sprechen wir hier von der Barbenregion. Neben der Barbe gibt es hier Fischarten wie Rotauge, Rotfeder, Barsch, Hecht und einzelne Zander. Am unteren Ende des Wasserlaufs finden wir die Brassenregion. Breit und langsam strömt der Fluss dem Meer entgegen. Der Boden wechselt zwischen Sand und weichem Schlick. Der nahrungsreiche Schlammboden bildet die Basis für eine große Pflanzenvielfalt.

Außer dem Brassen als Leitfisch, finden sich hier fast alle anderen heimischen Süßwasserarten, wie auch Schleie und Karpfen. Der Artenreichtum ist der größte im ganzen Gewässer. Die Mündung des Flusses ins Meer unterliegt häufig den Gezeiten und wird Brackwasserregion genannt, da sich hier das Flusswasser mit dem Salzwasser vermischt. In diese Brackwasserregion dringen oft Meeresfische wie Flundern und Heringe ein.

Die ruhigen Wasserläufe

Das eben genannte Musterbeispiel stimmt natürlich nicht immer mit der Wirklichkeit überein. Denn die Bereiche wechseln nicht von einem Meter auf den anderen, sondern greifen langsam ineinander über. Deshalb finden sich Bachforellen häufig sogar in der Barbenregion und die ziemlich unempfindlichen Regenbogenforellen leben teilweise sogar in der Brassenregion.

Gemächlich strömende Wasserläufe gibt es hauptsächlich im Flachland, einige arbeiten sich jedoch zudem durch die Mittelgebirge. Außerdem gibt es selbst in sehr schnell fließenden Gebieten immer wieder ruhige Abschnitte. Diese Strecken bieten sehr interessante Möglichkeiten für das Fliegenfischen, obwohl viele sie einfach übersehen.

Zu den Fischarten zählen die Rotaugen, die im freien Flusslauf Nymphen am Grund suchen, während Hasel genüsslich antreibende Insekten von der Oberfläche schlürfen. Im sehr ruhigen Uferbereich wühlen große Brassen im Schlamm nach Mückenlarven und wirbeln dabei große Schlammwolken auf, die still davongetragen werden. In Ufernähe lauert außerdem der Hecht auf Beute. Sobald die Dunkelheit kommt, beginnt die Jagdzeit des Zanders. Bei trübem Wetter raubt er jedoch bereits tagsüber.

Seen

Eine alte indianische Legende erzählt, wie der erste See entstand:

»Der Bär hatte am Morgen Forellen im Fluss gefangen. Als er satt und zufrieden am Ufer eingeschlafen war und nur noch sein Schwanz im Fluss hing, kam eine Forelle. Sie hatte die Taten des Bären beobachtet. Sie war so wütend, dass sie ihm den Schwanz abbiss. Der Bär tobte, sprang ins Wasser und wollte die Forelle fangen. Als es ihm nicht gelang, nahm er den ganzen Fluss und bog ihn um, so dass er nur noch ein See war. Jetzt war die Forelle gefangen und der Bär zufrieden. Und alle Nachfahren des Bären besitzen nun einen kleinen Stummelschwanz...«

Natürlich haben die Biologen eine andere Erklärung für den kurzen Schwanz des Bären und auch Geologen eine andere für die Entstehung von Seen parat.

In unserer Landschaft gibt es unzählige Seen und nicht zwei sind gleich. Sie lassen sich jedoch in zwei Hauptgruppen aufteilen: die nährstoffreichen und die nährstoffarmen. Die meisten Seen im Flachland sind bedingt durch einen hohen Grundwasserspiegel meist nicht sehr tief. Liegen sie in einem intensiv genutzten Landwirtschaftsgebiet oder einer dicht bebauten Fläche, werden sie durch den damit verbundenen Eintrag von Nährstoffen entsprechend nahrungsreich.

Diese Entwicklung ist in kleinen Maßen nicht unbedingt schlecht. Denn eingeschwemmter Dünger bietet die Grundlage für gutes Pflanzenwachstum und damit für ein reichhaltiges Nahrungsangebot im See. Leider nimmt die Nahrungszufuhr in der Regel überhand und gilt das Gewässer als überdüngt oder verschmutzt: Oft besteht vor allem in der warmen Jahreszeit zudem die Gefahr der Sauerstoffarmut. Unbelastete, jedoch meist nahrungsarme Seen gibt es fast nur noch in der Alpenregion und in den höheren Lagen der Mittelgebirge. Hier ist der Dünger- und Abwassereintrag in die Seen meist noch sehr gering.

Stehende Gewässer im Flachland besitzen fast die selbe Fauna wie die Brassenregion im Wasserlauf. Weiter leben in unseren großen Seen die meisten Arten sehr nah am Ufer, was an den großen und damit nahrungsärmeren Tiefen weiter draußen im Gewässer liegt. Viele Fische halten sich deshalb über einen Großteil des Jahres in den Schilfgürteln und bewachsenen Uferzonen auf.

Kleinere Dämme, Kanäle und Moorlöcher findet man in beiden Kategorien. Die meisten neigen allerdings dazu, für einen vielseitigen Fischbestand einen zu niedrigen pH-Wert aufzuweisen.

Je weiter man nach Norden kommt, desto nahrungsarmer werden die meisten Gewässer. So zählen unter anderem die meisten Gewässer in Skandinavien zu den sehr nahrungsarmen. Trotzdem befinden sich in den in Bezug auf die Meereshöhe flach gelegenen Gewässer immer noch Barsch, Hecht und Rotauge.

Beutetiere im Süßwasser

Alle Futterfische lassen sich mit Streamern nachahmen. Die verschiedenen Muster finden Sie unter den jeweiligen Fischarten beschrieben. Binden Sie generell ein paar Streamer in den Farben der Beutefischchen und ein paar andere in Reizfarben.

Barsch – als Beutefisch
Kleinere Barsche werden oft von Hechten, Zandern und größeren Artgenossen gefressen. Die genaue Beschreibung folgt später.

Elritze
Die Elritze ist ein kleiner farbenfroher Cypride (Karpfenartiger), der am häufigsten in schnellen Flüssen und sauerstoffreichen Seen lebt. Seine Farben reichen von braunoliv bis grün. Elritzen sammeln sich von Juni bis Juli in großen Schwärmen und laichen im Flachwasser. Das Männchen besitzt während der Paarungszeit eine rot gefärbte Brust. Die Elritze wird von allen Raubfischen gefressen. Die maximale Länge beträgt etwa 12 Zentimeter, selten jedoch mehr als 7-9 Zentimeter.

Kaulbarsch
Er ähnelt dem Barsch, besitzt allerdings eine plumpere Körperform sowie miteinander verwachsene Rückflossen. Kaulbarsche sind von dunklen Flecken unterbrochen blassgelb bis leicht bräunlich gefärbt und wirken fast durchsichtig. Sie leben über dem Grund von Seen und langsam strömenden Flüssen. Der Kaulbarsch gehört häufig zu den wichtigen Futterfischen des Zanders. Die maximale Größe liegt bei 25 Zentimetern, selten jedoch mehr als 15 Zentimetern.

Stichling
Es gibt zwei Arten im Süßwasser: den Dreistachligen Stichling und den Neunstachligen Stichling. Im Süßwasser reichen die Farben ihrer Flanken von bräunlich bis gelb schimmernd. In der Paarungszeit ist das Männchen bei den Dreistachligen sehr farbenfroh mit rotem Bug und blaugrüner Zeichnung an den Seiten. Die maximale Länge liegt im Süßwasser bei 9 Zentimetern, in der Regel jedoch nur bei 4-6 Zentimetern.

Karausche
Sie ähnelt stark dem Karpfen, erreicht jedoch längst nicht dessen Größe. Zudem besitzt sie keine Barteln. Ihr Körper ist bronzefarben bis gelb schimmernd gefärbt. Sie zählt zu den anspruchslosesten Fischen und lebt deshalb oft in Gewässern, wo außer ihr und dem Hecht die wenigsten anderen Fische überleben können. Gerade bei Esox steht sie häufig auf dem Speiseplan. Selten erreicht sie Größen über 20 Zentimeter, obwohl in Seen lebende Fische bis zu 45 Zentimeter lang und über 3 Kilo schwer werden können.

Laube (Ukelei)
Ihr Körper trägt feine, silbern schimmernde Schuppen, die recht locker sitzen. Der Rücken ist hingegen blaugrün, der Bug weiß. Die Laube laicht in der Zeit von Mai bis Juli in Flüssen sowie an strömungsstarken Stellen im See. Sie zählt zu den wichtigsten Beutefischen für Hecht, Zander und Barsch. Die maximale Größe beträgt 20 Zentimeter, selten erreicht die Laube jedoch mehr als 12-15 Zentimeter.

Rotauge
Diese Art wird später noch genauer betrachtet. Das Rotauge stellt ein wichtiges Beutetier für Hecht und Zander dar.

Stint
Die sehr schlanken, silbrigen Fische leben hauptsächlich im Küstenbereich der nördlichen Meere sowie in kalten, sauerstoffreichen Seen. Zum Laichen sucht der Stint oft direkt nach der Schneeschmelze im März-Mai den Mündungs-

bereich sauberer Flüsse auf. In Seen laichen die Fische in Zu- oder Abflüssen sowie an strömungsstarken Stellen. Stinte sind wichtige Beutetiere für Zander und Barsch. Die maximale Länge beträgt im See 20 Zentimeter bei durchschnittlich 10-15 Zentimetern, während die Meeresfische es bis auf 30 Zentimeter bringen.

Insekten

Viele Fischarten beginnen ihr Leben als Insektenfresser und wechseln erst später auf größere Beutetiere. Bei manch anderen Arten jedoch sind die Insekten das ganze Leben hindurch das Hauptnahrungsmittel.

Mücken

Mücken gehören zu den Diptera (den Zweiflüglern), die in Mitteleuropa mit weit über 5000 bekannten Arten vertreten sind. Die bedeutendsten für das Leben in Seen und ruhigen Bächen kann man in zwei Kategorien teilen: Stechmücken und Zuckmücken. Außerdem gibt es eine Art, *Chaborus chrystalinus*, die man schwer platzieren kann. Eine Mücke durchlebt vier Stadien: Ei – Larve – Puppe – geflügeltes Insekt. Sie sind von großer Bedeutung beim Fischen auf die Karpfenartigen und kleinen Raubfische.
Stechmücken sind, wie der Name schon sagt, manchmal furchtbare Plagegeister. Man findet sie in Pfützen, besonders im Wald, feuchten Wiesen und natürlich in unglaublichem Ausmaß in den feuchten Jahren überall in der Nähe von stehenden Gewässern und seien sie noch so klein. Ihre Eier überwintern unter Blättern und Moos in Vertiefungen, die sich im Frühjahr mit Wasser füllen. Wenn das Wasser eine Temperatur von 2° C erreicht, schlüpfen die ersten Larven. Sie wachsen im Laufe weniger Wochen auf 8-10 mm, verpuppen sich dann und die ersten Mücken schlüpfen Anfang März. Also riskieren wir schon im zeitigen Frühling zu unfreiwilligen Blutspendern zu werden.
Die Larven von Zuckmücken leben meist auf dem Grund von Seen und ruhigen Bächen. Sie bevorzugen Gegenden mit starker organischer Verschmutzung. Den Tag verbringen sie in selbst gebauten Röhren im Boden. Nachts verlassen sie häufig ihre Röhren und suchen schwimmend oder kriechend nach Nahrung. Sie sind bei vielen Fischen beliebt. Der Brassen ist Experte darin, Larven im Schlamm zu finden. Auch der Blaufelchen spezialisierte sich auf Mückenlarven und entwickelte wie der Brassen ein vorstülpbares Maul. Im April und Mai verpuppen sich die Larven und die meisten schlüpfen dann im Mai oder Juni. Die frisch geschlüpften Insekten liegen oft dicht aneinander an der Oberfläche und bilden fast einen Teppich. Der Schwarm von Insekten steht danach oft wie eine Rauchwolke über dem See und viele Fische profitieren davon. Lauben, Rotfedern und der sonst nur am Grund nach Nahrung suchende Brassen finden einen überreich gedeckten Tisch an der Oberfläche.
In einem warmen Frühling dauert das Ganze zwischen zwei Wochen und einem Monat. Bei Kälte dauert es etwas länger. Die Mücken haben sich gepaart, wieder Eier gelegt und eine neue Generation wartet auf dem Grund des Sees.
Während die Stechmücke und die Zuckmücke in vielen Arten vertreten sind, ist *Chaoborus chrystallinus* der einzige Repräsentant seiner Art. Er ist verwandt mit der Stechmücke, sticht aber nicht. Er lebt unbemerkt und erhielt bislang keinen deutschen Namen. Er ist die einzige heimische Mückenart, deren Larve pelagisch lebt, also im freiem Wasser schwimmt. Die Larve ist glasklar, so dass man deutlich die inneren Organe sieht. »Phantom Midge« (Geistermücke) nennen die englischen Fliegenfischer diese Art wegen ihres bizarren Aussehens.
Imitationen aller Mückenarten werden auf Haken in den Größen 10 bis 20 gebunden. Die Larven sind grün, rotbräunlich oder schwarz. Die Puppen zeigen die selbe Farbe, nur etwas

dunkler. Die geflügelten Insekten sind entweder grünbraun oder grau. Mücken sieht man fast das ganze Jahr, nur nicht in sehr kalten Wintern.

Eintagsfliegen

Eintagsfliegen sind leichte elegante Insekten, die, abgesehen von den kleinen *Caenis*-Arten, ihre Fügel fast senkrecht vom Körper abstehen lassen, wenn sie nicht fliegen. Sie durchleben vier Stadien: Ei und Nymphe im Wasser, danach verlassen die Eintagsfliegen das feuchte Milieu und werden zu fliegenden Insekten. Das frisch geschlüpfte Insekt nennt man Subimago. In Abhängigkeit von Wetter, Temperatur und ihrer Art entledigt sich das Insekt binnen weniger Minuten oder einiger Tage ihrer unauffällig gefärbter Haut und verwandelt sich in ein erwachsenes und zur Fortpflanzung bereites Imago. Im Gegensatz zum Subimago sind die erwachsenen Insekten meist schillernd und farbenfroh. Oft können wir sie an lauen Sommerabenden in Schwärmen über die Seen tanzen sehen. Dies ist der Hochzeitsflug der Eintagsfliegen. Während des Tanzes paaren sie sich und das Weibchen fliegt meist auf die Oberfläche, um ihre Eier abzulegen. Danach sterben sie schnell ab und schwimmen als leichte Beute auf dem Wasser.
Die Eintagsfliege besitzt in allen Lebensabschnitten eine große Bedeutung für fast alle Fische. Im Subimago-Stadium tragen sie wachsartige Farben in grau, oliv, gelb und weinrot. Im Imago-Stadium zeigen sich schimmernde Farben in rot, orange, oliv, gelb, weinrot und schwarz. Imitationen werden auf die Hakengrößen 12-16 gebunden. Die kleineren *Caenis*-Arten sollten aber auf kleinere Haken (18-24) gebunden werden, Maifliegen auf größere (10-12). Eintagsfliegen schlüpfen im Frühling und im Herbst. Die Nymphen findet man das ganze Jahr über.

Köcherfliegen

Köcherfliegen, englisch *Sedges* oder amerikanisch *Caddisflies*, sind verglichen mit den Eintagsfliegen größer und kräftiger gebaut. Wenn sie nicht fliegen, liegen die Flügel dicht am Körper. Auch diese Fliege durchlebt vier Stadien, allerdings nur eine über dem Wasser. Nach dem Ei-Stadium schlüpft die Larve. Einige davon leben frei im Wasser, einige bauen Röhren in den Grund und wieder andere bauen Häuser. Das Larvenstadium kann bis zu mehreren Jahren dauern. Die nächste Verwandlung ist die Verpuppung der Larve.
Ist diese vollzogen, so beißt sich die Puppe durch ihre Hülle und schwimmt mit Hilfe einer zwischen Puppenhülle und der bereits fertigen Imagohaut eingeschlossenen Gasblase zur Wasseroberfläche. Die Puppe kann lange unter Wasser treiben, bis sie durch die Gasblase aufschwimmt. Andere Arten kommen schnell hoch oder klettern unter anderem an Pflanzenstängeln an die Oberfläche. Dort angekommen schlüpfen sie und werden zu einem geflügelten Insekt – dem Imago. Bei anderen Arten schwimmt die Puppe erst ans Ufer und schlüpft erst dort. Die erwachsenen Fliegen kommen zurück ans Wasser zum Trinken und Eier legen. Sie werden gerne von allen Fischarten gefressen. Die Puppen und die fertigen Insekten beunruhigen oft stark die Oberfläche, so dass Fische sie leicht bemerken.
Die Larven sehen grün, gelb oder bräunlich aus. Das Hinterteil der Puppe zeigt die selbe Farbe wie die Larve, während das Vorderteil immer etwas dunkler ist. Der Körper des Insekts präsentiert sich in grün, helloliv oder dunkelbraun, die Flügel sind fast immer braun. Imitationen werden auf die Gößen 10-16 gebunden, die Larven gehören auf langschenklige Haken. Die fliegenden Insekten gibt es in der ganzen warmen Jahreszeit, am häufigsten jedoch im Spätsommer. Die Larven finden sich das ganze Jahr über.

Steinfliegen
Sie benötigen sauberes, sauerstoffreiches Wasser und leben somit weniger in den Biotopen, mit denen wir uns beschäftigen. Man findet sie jedoch manchmal ebenfalls in den Uferzonen von größeren norddeutschen Seen. Diese Fliege durchlebt drei Stadien: Ei – Nymphe – fliegendes Insekt. Ihre Farben sind gelb, grau, braun und schwarz. Imitationen werden auf die Hakengrößen 10-16 gebunden. Die meisten schlüpfen im zeitigen Frühling.

Libellen und Wassernymphen
Das sind große, schöne Raubinsekten, die wie viele fliegende Insekten nur während der Eiablage und der Paarung von Fischen erbeutet werden. Dafür sind ihre Larven eine gute Kost für größere Karpfenartige sowie Barsch, Zander und kleinere Hechte. Die Libellenlarve ist ein kräftiges Tier, das am Grund nach Beute jagt. Wird sie erschreckt, flüchtet sie mit großen Sprüngen, indem sie Wasser durch ihr Darmsystem drückt – eine Art natürliches Unterwasser-Jetboot. Die Larve der Wassernymphe ist schlanker und eleganter. Beides sind jedoch Raubtiere und fressen unter anderem die Nachkommen der Fische. Die Farben der Raubinsekten reichen von braun, grün bis dunkelgrau. Imitationen der Larve werden auf große Streamerhaken gebunden (Gr. 2-10). Kleinere gehen auch, jedoch mit verlängert gebundenem Hinterleib. Die Larven finden sich das ganze Jahr über im Gewässer.

Landinsekten
Ins Wasser fallende Landinsekten besitzen an einigen Stellen eine große Bedeutung. Besonders an Uferstreifen, wo Büsche und Bäume über das Wasser hängen. Binden Sie ein paar Imitationen von Käfern, Grashüpfern, fliegenden Ameisen und Wespen. Besonders Aland und Rotfeder mögen diese Beute.

Krebse
Bei den Krebstierchen sind der Bachflohkrebs und die Süsswassergarnele die wichtigsten. Es gibt sie in allen möglichen olivgrünen, gelben und braunen Farben. Die Hakengröße sollte zwischen 10 und 18 liegen.
Wasserflöhe und Hüpferlinge sind Planktonkrebse und zu klein zum Imitieren. Achten Sie trotzdem darauf, wo sie sich sammeln. Denn dort stehen auch die Kleinfische, die wiederum die Räuber anlocken.

Würmer und Hohltiere
Im Süßwasser gibt es unzählige Würmer. Die rötlichen Tubifex (Schlammröhrenwürmer), die in Kolonien am Grund leben, gehören zu den wichtigsten. Besonders Brassen, Karpfen und Hechte sind Spezialisten, wenn es ums Ausgraben geht. Genau wie die roten Mückenlarven findet man sie an Orten mit einem gewissen Verschmutzungsgrad. Benutzen Sie die selben Fliegen wie bei den Mückenlarven.
Gelbbrandkäfer sind frei schwimmende Raubtiere, die von allen Fischen gefressen werden. Ihre Farben sind schwarz, braun, rötlich und oliv. Imitationen werden auf Streamerhaken der Größe 4-12 gebunden.

Säugetiere
Kleintiere wie Mäuse und Maulwürfe werden sowohl vom Hecht als auch vom Zander gefressen. Streamer aus Hirschhaar oder Kunststoff schwimmen hoch. Aus diesen Materialien können auch die so genannten Popper bestehen, die sehr gut im Flachwasser oder dichtem Pflanzenbewuchs fangen. Sie imitieren sehr schön kleine Säuger. Frühmorgens, spätabends oder in der Nacht bestehen die besten Chancen, besonders im Sommer.

Amphibien
Die Kaulquappen der Frösche sowie junge Salamander und Molche werden von allen Fi-

schen gefressen, wenn die Gelegenheit sich ergibt. Ausgewachsene Tiere werden meist von Zander und Hecht angegriffen. Kaulquappen lassen sich mit Wooly Buggers und Tadpoles (engl. für Kaulquappen) imitieren, große Frösche und Salamander mit Poppern.

Vögel
Eine ganze Anzahl von Wasservogelküken landen jährlich in den Bäuchen von Hecht, Waller und gelegentlich auch dem Zander. Entsprechende Fliegenmuster fehlen jedoch. Ein konstruktiver Fliegenbinder kann die Welt also vielleicht mit einer Kopie eines Entenkükens bereichern.

Die Signale der Natur lesen

Sie kennen sicher einen dieser irritierend tüchtigen Angler, der an eine neue Stelle kommt, sie einige Minuten studiert und dann auch prompt einen Fisch fängt. Natürlich klappt es auch bei ihm nicht jedes Mal. Aber doch so oft, dass es kein Zufall sein kann. Fragen Sie ihn nach seinem Erfolgsrezept, wird er es normalerweise nicht einmal sagen können. Und das ist die Wahrheit. Es fühlte sich einfach richtig an, genau an dieser Stelle auszuwerfen. Mit seiner langen Praxis entwickelte er einfach ein Gespür für die richtige Stelle.
Wir erhalten alle eine Menge Eindrücke, wenn wir an eine neue Stelle kommen. Es sind Dinge die wir sehen, hören und riechen. Diese Eindrücke werden im Gehirn verarbeitet, oft im Unterbewusstsein. Es verschafft uns dann ein vages Bild davon, wie es unter der Wasseroberfläche aussieht. Je mehr Erfahrung wir sammeln, desto besser können wir die von der Natur ausgeschickten Signale nutzen. Natürlich muss man dabei alle seine Sinne offen halten. Das gilt besonders für den Fliegenfischer. Denn unsere im Gegensatz zu den Spinnfischern sehr begrenzte Wurfweite, schränkt besonders beim Uferangeln die Zahl der befischbaren Stellen ein. Treten wir ans Wasser, können wir zumindest oberflächliche Eindrücke sammeln und beginnen somit wenigstens nicht völlig blind mit dem Fischen.
Hier folgen nun ein paar der Dinge, auf die Sie achten sollten. Denn wir können alle lernen, unsere Sinne zu schärfen.

Die Umgebung des Gewässers verleiht uns einen guten Eindruck davon, wie es unter Wasser beschaffen ist. Gibt es steile Ufer, dann führen sie unter der Oberfläche in aller Regel weiter. Also wird es sehr schnell tief. An Küsten mit viel Sand gilt das jedoch nicht immer.

Seerosen wurzeln in klarem Wasser höchstens bis zu zwei Meter tief, in trübem Wasser kommen sie auf höchstens einen Meter. Somit lassen sie sich sehr gut zum Schätzen der Wassertiefe nutzen. Außerdem halten sich unter den schützenden, großen Blättern viele Kleinfische auf, die sich hier vor den Räubern verbergen. Deshalb liegen unter oder nahe den Seerosen häufig Raubfische auf der Lauer und warten auf ihre Chance.

Überstehende Bäume bieten gute Angelplätze. Hier finden viele Fische Schutz, außerdem fallen ständig Insekten, Larven und im Spätsommer oft Früchte vom Baum.

Ein dicht und gut gewachsener Schilfgürtel ist ein sicheres Zeichen für einen nahrungsreichen See. Oft wird er im Sommerhalbjahr einen sehr starken Unterwasserbewuchs besitzen. Das Wasser jedoch kann klar sein, wenn der Sauerstoffgehalt ausreicht und ein Gleichgewicht zwischen Nährstoffeintrag, Sauerstoffproduktion der Pflanzen und der tierischen Kohlendioxidproduktion besteht.

Sehr charakteristisch für nahrungsarme Seen ist der reichliche Platz zwischen den einzelnen Schilfhalmen. Das Wasser ist klar. Solche Seen findet man in der Regel nur im Flachland, wenn es dort keine verschmutzenden Quellen gibt (dichte Bebauung und Industrie). In Gegenden mit Heide oder natürlichem Wald stehen die Chancen auf einen sauberen See (oder Fluss) besser.

Wirbel und Ringe an der Oberfläche sind das beste Zeichen für Fische, egal ob in See oder Fluss. Schlammwolken deuten auf Fische wie Karpfen, Brassen, Rotfedern, Schleien hin, die im Grund wühlen. An die Oberfläche steigende Blasen können das selbe bedeuten.

Schilf oder Grashalme, die sich unnatürlich bewegen, weisen auf durchschwimmende oder nach Nahrung suchende Fische hin.

Ein guter Überblick kann größere Fische schnell enttarnen, also sollten wir für eine Stunde auf einen Baum klettern und beobachten – obwohl wir aus dem Alter eigentlich raus sind.

Hechte beanspruchen häufig feste Standplätze in See und Fluss. Konnten Sie einen Räuber fangen, lohnt beim nächsten Besuch trotzdem ein weiterer Wurf. Denn oft stellt sich schon bald ein neuer Platzherr ein.

Finden Sie eine Bucht mit Hechten, stehen oft die kleinen besonders nahe am Ufer. Die Großen halten sich eher an den Kanten zum tieferen Wasser auf und lauern dort auf Beute. Und Karpfen, Brassen und Rotfedern schwimmen mehrmals am Tag eine bestimmte Route ab. Wind und Wetter haben dabei natürlich großen Einfluss auf die Tiefe.

Tauchende Möwen bedeuten in der Regel jagende Raubfische. Fischreiher und Kormoran halten sich immer in der Nähe von Fischschwärmen auf und können somit ebenfalls einen wertvollen Hinweis liefern.

Weht der Wind längere Zeit in die selbe Richtung, sammeln sich Kleintiere wie Wasserflöhe und Hüpferlinge an dem Ufer, auf das der Wind weht. Die kleinen Krebse ziehen Kleinfische an, und sie wiederum Raubfische. Also lohnt sich hier das Angeln – selbst oder gerade bei Gegenwind.

Hecht

Erinnerungen an Lappland

Der Zug wird langsamer, und ein halbes Dutzend Nasen drücken sich an der staubigen Scheibe platt. Alle halten gespannt Ausschau nach dem Bahnhof.
»Da ist ja gar nichts« sagt einer der Jungs. Der Zug hält an. Wie nehmen unsere Ruten und Rucksäcke, verabschieden uns von dem freundlichen Kontrolleur der schwedischen Staatsbahn und steigen aus dem Zug in das Land der Mitternachtssonne. Tatsächlich gibt es hier einfach nichts. Nur eine kleine Mauer aus Steinen verrät uns, dass an dieser Stelle einmal ein Haus stand. Während der Zug seine Reise nach Norden fortsetzt, nehmen ein halbes Dutzend erwartungsvoller Schüler und ihre zwei ebenso gespannten Lehrer ihre Rucksäcke und gehen auf einen kleinen Pfad zu. Wir sind auf dem Weg! Mitten in der Nacht haben wir es geschafft. Wir schlagen unser Lager an einer kleinen, viel versprechenden Bucht an einem namenlosen See auf. Von unseren positiven Erwartungen für die kommenden Tage geprägt, taufen wir unser Lager optimistisch »Popper Bay Lodge«. Kurz danach kriechen wir in unsere Schlafsäcke.
Das Angeln am Morgen an einem fünf Minuten entfernten See und seinem Auslauf beginnt viel versprechend. Die Hechte waren beißwillig und in Topform. Sie nehmen unsere Fliegen und springen bis zur Landung fast ununterbrochen. Zumindest die älteren Schüler sind teils erfahrene Fliegenfischer und fangen so einige Räuber.
Die beiden jüngsten Teilnehmer der Gruppe, Andreas und Henrik, haben dagegen noch nie mit der Fliege gefischt. Bevor wir losfuhren waren sie sehr skeptisch. Denn bislang fischten sie nur mit Spinnruten, die sie neben der Fliegenausrüstung zur Sicherheit ebenfalls im Gepäck hatten. Ihre ersten Fliegenruten hatten sie erst kurz vor der Abfahrt bekommen. Jedoch hatten sie das Werfen bereits nach ein paar Stunden im Griff. Sie schauten den Stil einfach den älteren Schülern ab. Es bereitete Freude, ihre raschen Fortschritte zu beobachten. Sie konnten zudem die Fische dicht am Ufer jagen sehen, was sehr motivierend wirkte. Bald schossen ihre Hechtfliegen über das Wasser und sie holten die Schur mit langen gleichmäßigen Zügen ein.
Die Hechte in Lappland sind zur Mittsommernacht ständig in Aktion, denn der Sommer ist kurz. Niemand wirft ihnen unbestraft einen großen, reizenden Streamer vor den Kopf.
»Na, wie läuft es?«, fragte ich Henrik, als ein Hecht gerade mit seiner Fliege lossauste. Die Leine spannte sich kräftig und die Spitze der Rute verbeugte sich tief. »Es klappt super«, rief er zufrieden.
Bevor wir uns am Abend am Lagerfeuer trafen, hatten die beiden Jungs einige Hechte gelandet. Einen der Hechte nahmen sie mit zum Lager. Er wurde ausgenommen, geputzt, mit Kräutern und Gewürzen gefüllt, in Alufolie gepackt und ins Feuer gelegt.
»Wie lange braucht der?«, fragte Henrik. »Es ist zwar ein sehr schöner Fisch, aber nicht unbedingt ein Seeungeheuer. Ich denke, eine halbe Stunde dürfte reichen«, antwortete ich.
»Der ist doch verdammt groß«, protestierte Andreas. »Meinst du nicht, dass er etwas länger braucht?«
»Ihr müsst es einfach versuchen«, sagte ich diplomatisch und ging zurück zum See.
Sie diskutierten ein wenig und waren sich dann aber einig, dass ein Hecht von so überdimensionaler Größe zum Garen wohl etwas länger braucht – um ganz sicher zu gehen, gaben sie ihm zwei Stunden. Beim Auspacken zweifelte ich keinen Moment daran, dass der Hecht nun ordentlich durch war. »Was riecht hier denn so komisch?«, fragte mein Freund Morten die beiden stichelnd. »Vielleicht hat

jemand ein paar alte Socken in Brand gesetzt«, antwortete ich. »Ne«, meinte Henrik, »ich glaube, unser Abendbrot hat ein paar Minuten zu viel Hitze bekommen«. Er packte den Fisch aus und ein unheimlich toter Hecht kam zum Vorschein, der allerdings mehr nach einem Stück Holzkohle aussah. Andreas kratzte sich am Kopf: »Morgen geben wir dem nächsten wohl etwas weniger Zeit«. Schließlich zog er eine Tüte Spaghetti Napoli aus der Reserve.
»Wollt ihr morgen eure alten Ruten benutzen?« fragte Morten ein wenig später beim Essen. »Nö,« grinste Henrik und stellte sich in voller Größe auf – was heißt, dass er Morten bis kurz über den Gürtel reichte. »Wir sind doch Fliegenfischer.«

✦ ✦ ✦

Hechte

Der Hecht begeisterte den Menschen schon immer. Schließlich ist er ein eleganter und schön gezeichneter Räuber. Auf der anderen Seite gilt er in manchen Fantasien als wahres Monster. Es ist deshalb nicht verwunderlich, dass unzählige Sagen und Mythen um ihn entstanden. Mein erstes Treffen mit einem Hecht ereignete sich an einem klaren See im Sommer vor fast 30 Jahren. Gerade wollte ich einen gehakten Barsch mit der Angel aus dem Wasser heben, als ein großer Hecht auf ihn zu und zwischen meinen Beinen durch raste. Ich erschrak bis ins Mark. Denn ein ein Meter langer, plötzlich auftauchender Hecht wirkt im seichten Wasser tatsächlich beängstigend – besonders, wenn man selbst nicht viel größer ist. Ich habe es überlebt, ohne mir in meine kurzen Hosen zu machen. Aber die Begegnung brannte sich in mein Hirn und weckte ein lebenslanges Interesse für diesen großen Raubfisch.

Verbreitung

Der Hecht *(Esox lucius)* ist im größten Teil der nördlichen Halbkugel zu Hause, in Europa von Italien und Griechenland bis zum Nordkap. Im Osten lebt er in ganz Russland bis zur Halbinsel Kamtschatka am Pazifik. Dazu kommen Alaska, Kanada und der Osten der USA. Hechte leben in fast allen nordeuropäischen Binnengewässern, nur nicht in den sehr schnellen Strömungen. Und wie in der Ostsee leben die Räuber sogar im Brackwasser.
Es gibt insgesamt fünf Arten, wobei in Europa nur der schon genannte *Esox lucius* vorkommt. In der Mandschurei fließt der Amur, wo *Esox reicherti* lebt. Schließlich beherbergt Nordamerika die drei übrigen Arten. Der Muskie oder Muskellunge (*Esox masquinongy)* erreicht Gewichte bis zu 50 Kilo, wogegen es der schwarze Hecht (*Esox niger*) nur selten

auf über vier Kilo bringt. Der kleinste Hecht ist schließlich der Amerikanische Hecht (*Esox americanus*), dessen Rekordgewicht bei 352 Gramm liegt. Außerdem gibt es einen Hybriden, eine Kreuzung des »normalen« Hechts mit dem Muskie. Aufgrund der auffälligen Streifen am Rücken wird der Mischling als »Tiger« bezeichnet.

Aussehen

Der Hecht besitzt einen lang gestreckten, stromlinienförmigen Körper. Rücken- und Afterflosse liegen weit hinten, kurz vor der kräftigen Schwanzflosse. Der Körper des Hechts ist für eine einzige Aufgabe gebaut: die möglichst schnelle Beschleunigung im Augenblick des Angriffs. Tatsächlich ist der Hecht der schnellste Fisch im Süßwasser, jedoch nur über kurze Strecken. Beim Angriff erreicht er eine Geschwindigkeit vom Zwölffachen seiner eigenen Körperlänge in der Sekunde. Ein Hecht von einem Meter Länge kann also mit 40 km/h angreifen. Zum Vergleich: Die Meerforelle schwimmt nur 12 km/h und eine Makrele schafft gerade mal 10 km/h.

Das Maul verfügt über scharfe, nach hinten

gerichtete Zähne. Hängt ein Beutetier hier fest, gibt es kein Zurück mehr. Die Kombination eines scharfen Blickes, Schnelligkeit und gutem Greif- und Haltewerkzeug erwies sich als so erfolgreich, dass der Hecht sein Aussehen seit Tausenden von Jahren nicht änderte. Die Zeichnung des Hechts hängt wie bei anderen Fischen stark von der Umgebung ab. Die Räuber aus sumpfigen Gewässern sind meistens dunkler und der Brackwasserhecht fast hellblau mit einem Stich ins Grünliche. Gelbe, braune und grüne Farben dominieren. Das maximale Gewicht eines Hechts liegt bei einer Länge von 160 Zentimeter um die 30 Kilo. Einige sollen bis zu zwei Meter und etwa 35 Kilo erreichen.

Fortpflanzung

Der Hecht laicht im Frühling. Er wartet mit dem Laichgeschäft, bis das Wasser warm genug ist. Also hängt der Termin von den örtlichen Verhältnissen ab und kann zwischen März und Mai liegen. Nach besonders kalten Wintern konnte ich laichende Hechte bis Ende Mai beobachten. Sie beginnen mit der Paarung, wenn die Wassertemperatur 2-3° C beträgt und beenden das Laichen bei 10° C. Der Hecht laicht in sehr seichtem Wasser, oft in nur 15-25 Zentimeter Tiefe. Hier können die gewünschten Temperaturen selbst dann erreicht werden, wenn der See noch zugefroren ist. Sind die Wiesen um die Flüsse und Seen im Frühling überflutet, bieten sie ein ideales Laichgebiet. Das Flachland auf der Nordseite der Seen erwärmt sich wegen dem Sonneneinfall am schnellsten. Selbst wenn die vorgeschriebene Schonzeit bereits zu Ende ist, sollte das Fischen erst nach dem tatsächlichen Abschluss des Laichgeschäfts erfolgen.

Nahrung

Der einzige Grund dafür, dass Hechte keine Menschen fressen, ist unsere Größe. Denn grundsätzlich frisst der Hecht alles, was er schlucken kann: Krebse, Fische, Kröten oder Säugetiere. Trotz alten Erzählungen, nach denen der Hecht sowohl Babys als auch Kleinkinder gefressen hat, stehen diese nicht auf seinem Speiseplan.
Der größte Teil seiner Nahrung besteht aus Fisch. Er ist nicht wählerisch, sondern greift zum gerade aktuellen Angebot. In einigen Gewässern sind es Friedfische, in anderen frisch besetzte Regenbogenforellen. Große, langsame Fische wie der Brassen, werden von großen Hechten bevorzugt. Am Ufer brütende oder fischende Vögel müssen ebenfalls damit rechnen, dass ihr Leben plötzlich endet. Das selbe gilt für Kröten, Frösche und Salamander. Wo es kleine Schlangen gibt, stehen auch diese auf dem Speiseplan. Unter den Säugetieren sind besonders Mäuse und andere Nager, wie der junge Bisam, gefährdet.

Tipps

Frühling

Kurz nach der Forpflanzung stehen die Hechte noch immer in der Nähe der Laichgründe. Sie sind hungrig, aber ihre Kondition ist mangelhaft. Erst zum Sommer hin erreichen sie wieder ihre Höchstform und die beste Zeit zum Fischen beginnt.

Sommer

Trotz seiner guten Tarnung zeichnet sich im Flachwasser an sonnigen Tagen der Schatten des Hechts als großer, dunkler Fleck am Grund ab und verrät dem Angler den Räuber. Der Winkel, in dem die Sonne auf das Wasser fällt, ist von großer Bedeutung. Ungünstig ist

es, wenn die Sonne im Zenit, also direkt über dem Fisch steht. Das ergibt zwar die beste Sicht unter Wasser, aber der Schatten liegt jetzt genau unter dem Fisch. Steht er jetzt dicht über dem Grund, verdeckt er seinen Schatten. Die näher am Horizont liegende Sonne sorgt dagegen für einen großen Schatten neben dem Hecht.
In knöcheltiefem Wasser über den Sand zu schleichen und nach dunklen Flecken zu suchen, ist jedesmal ein Erlebnis. Allerdings kann der Angler nicht sicher erkennen, ob das zehn Meter vorausliegende Etwas tatsächlich ein Hecht ist. Erst ein Wurf bringt Gewissheit. Denn die Unsicherheit verfliegt in dem Moment, in dem der Raubfisch sich bewegt. Geht er zum Angriff über, heißt es einfach abwarten. Denn er wird sich selbst an den Haken hängen. Diese Art des Fischens kann aber auch andere Überraschungen bringen, wie es bei einem meiner Freunde passierte, der plötzlich etwas ganz anderes an der Angel hatte.
Es war ein drückend warmer Tag und ein Gewitter zog auf. Jesper hatte seinen Streamer an einem versunkenen Baumstupf vorbeigezogen, als ein großer Aal herausgeschossen kam. Er nahm die Fliege und verschwand in seiner Höhle. Das geschah so blitzschnell, dass Jesper nicht reagieren konnte. Jetzt saß der Fisch fest. Also zog er den ganzen Baumstumpf samt dem Aal aus dem Wasser – kein gewöhnlicher Fang für einen Fliegenfischer.
Nach Aussage etlicher Fachbücher und -artikel steht der Hecht im Sommer im tiefen Wasser. Meine Erfahrungen zeigen jedoch, dass dies nicht immer stimmt. Ein Detail, das noch wichtiger ist als die Lieblingsumgebung eines Hechtes, ist die Umgebung seiner Beute. Finden Sie deshalb heraus, was die Hechte in Ihrem See oder Fluss fressen und lernen den Jahreszyklus der Beute kennen. Sobald Sie den jeweiligen Standort kennen, wissen Sie gleichzeitig Bescheid über den der Hechte.
Beim Fischen an flachen Ufern ist nichts effektiver als ein großer Streamer. Die Fliege ist groß, lebhaft, gut sichtbar und hält sich selbst dann über Grund, wenn der Angler die Schnur nur langsam einholt. Kein Metallköder kann das so lebendig. Höchstens ein schwimmender Oberflächenwobbler kann die Aufgabe ähnlich gut erfüllen. Im Spätsommer ist Hochsaison für das Fischen mit Poppern. Die Hechte können, je nach Hunger, unterschiedlich schnell vorgehen. Das reicht vom gemächlichen Zupacken bis zum blitzschnellen, explosiven Angriff. Letzteres bereitet am meisten Spaß. Ein Popper, der mit wackelnden Armen und Gummibeinen im Wasser schwimmt und dann Wasser in alle Richtungen spuckt, bringt sogar den müdesten Hecht auf Touren.

Herbst

Der Herbst ist die Hochsaison für den Hecht. Man trifft immer noch einige Fische am Ufer. Kommt jedoch der Nachtfrost, ziehen sie ihrer Beute folgend wieder ins tiefere Wasser. An sonnigen Tagen schwimmen die Futterfische jedoch wieder ans Ufer und mit ihnen die Hechte. Ansonsten müssen Sie ihn an den Kanten oder den ruhigen Stellen der Flüsse oder Untiefen der Seen suchen.
Dort verbessert ein Boot Ihre Möglichkeiten. Dabei ist das Schleppen mit großen Fliegen immer einen Versuch wert, wenn der Standplatz der Hechte nicht feststeht. Sie decken große Flächen ab und früher oder später kommt der Erfolg. Sie können dann wählen, ob Sie weiter schleppen oder ankern und das Gebiet mit aktiven Würfen nach weiteren Fischen absuchen.
Mit einer Auswahl an schwimmenden und sinkenden Schussköpfen, die Sie an Ihre Schussschnur einschlaufen, können Sie dem Hecht auch in der kalten Jahreszeit in (fast) jede Wassertiefe folgen.

Winter
In großen und langsamen Flüssen kann das Hechtangeln auch im Winter glücken. Der Raubfisch ist jetzt in Topform. Aufgrund der niedrigen Temperatur läuft der Stoffwechsel der Tiere jedoch auf Sparflamme. Darum ist es jetzt wichtig, sehr tief und langsam zu fischen. Eine Kombination, die das Problem optimal löst, wird von amerikanischen Fliegenfischern benutzt, die im Winter Steelhead-Forellen jagen. Sie benutzen eine schnell sinkende Schnur, die fast über den Boden kratzt. An einem kurzen, oft nur 20-50 Zentimeter langen und kräftigen Vorfach wird eine Fliege mit etwas Auftrieb angeknüpft – also ein Muster aus Schaummaterial oder Haaren. Auf diese Art fischt die Fliege langsam, manchmal fast stationär, wo es am günstigsten ist, also genau über dem Boden. Eine ähnliche Technik verwenden britische Stausee-Angler. Sie knüpfen die so genannten Bobfliegen ans Vorfach. Versuchen Sie diese Technik mit einem bunten Popper das nächste Mal, wenn Sie Winterhechte jagen.

Ausstattung

Die meisten Tipps zum Hecht-Gerät wie Rute und Rolle lassen sich leicht auf andere Raubfische übertragen. Dazu zählen unter anderem Zander, Dorsch und Seebarsch.

Rute
Hechte sind gewaltige Fische, die beeindruckende Größen erreichen können. Trotzdem lassen sie sich leicht mit einer 9-10 Fuß (270-305 cm) langen Fliegenrute der AFTM-Klasse 7-8 fangen, welche die meisten Fliegenfischer bereits für Meerforellen in Flüssen und an der Küste verwenden. Fangen Sie mit der Rute an, die Ihnen bereits zur Verfügung steht. Werden Sie dann vom Hecht und dem Fliegenfischen auf ihn in den Bann gezogen, können Sie in eine spezielle Rute investieren. Meine bevorzugte »Waffe« ist eine Rute in Schnurklasse AFTM # 8-9, die nicht länger als 9 Fuß (275cm) lang sein sollte. Sie trägt leicht gekürzte Schussköpfe, die aus Schnüren oder längeren Schussköpfen der AFTM # 9-11 bestehen. Die Rute benötigt Rückgrat und Kraft, damit sie schnell sinkende Schnüre aus der Tiefe ziehen kann. Ein Tipp am Rande: Große Streamer lassen sich mit schwereren Schnurklassen ab # 9 etwas besser werfen. Denn ein durchgeweichter Bunny-Bug (eine fischähnliche Kaninchenfell-Fliege von 15-25 Zentimetern) wiegt genau so viel wie ein kleiner Blinker und lässt sich unmöglich mit einer langen Rute der Klasse 7 oder leichter werfen. Die kurze kräftige Rute dagegen befördert sie leicht durch die Luft. Und obwohl Bunny nicht gerade leicht zu werfen ist, gibt es in meinen Augen und in denen eines Hechts keine effektivere Fliege.

Rolle
Die Fliegenrolle zum Hechtfischen muss 100 Meter Nachschnur aufnehmen, 30 Meter Schussschnur und einen Schusskopf in der Ihrer Rute entsprechenden Schnurklasse. Verwenden Sie keinen Schusskopf, nehmen Sie eine Keulenschnur oder Longbelly. Fliegenrollen für Meerforellen oder kleinere Lachse sind gut geeignet. Ob Sie eine Rolle mit normaler Spulenhemmung oder mit einer Scheibenbremse kaufen, ist Geschmackssache. Beide können es leicht mit dem Hecht aufnehmen. Auf lange Sicht könnte sich eine Investition in eine teure Rolle durchaus lohnen. Was auch immer Sie wählen: Sorgen Sie dafür, dass die Rolle salzwasserfest ist. Denn die Größe passt genauso gut zum Fischen auf Dorsch, Pollack, Seebarsch und andere Raubfischen der Küste.

Fliegenschnur
Geht es um eine universelle Ausrüstung, wähle ich einen schwimmenden oder einen intermediate (sehr langsam sinkenden) Schusskopf als Standardausrüstung. Beide besitzen ihre Vorteile, doch der schwimmende muss als effektivste Lösung beim Sommerfischen gelten. Beide lassen sich jedoch nur im flachen Wasser einsetzen. Mit einer Sinktip können Sie im mittleren Wasser gut auskommen, persönlich benötige ich sie allerdings nur selten. Denn vor allem lässt sie sich schlechter werfen als eine andere Leine mit dem gleichen Gewicht. Wollen Sie den Hecht im Herbst und Winter am Grund suchen, benötigen Sie eine vollsinkende Schur. Die wichtigste dieser Art ist eine schnell sinkende Variante. Denn können Sie den Hecht nicht an die Oberfläche locken, müssen Sie ihn am Grund suchen. Mit einer schnellen Sinkschnur können Sie effektiv Wassertiefen von ein paar Metern bis zu sechs oder acht Meter tief absuchen. Doppelt verjüngte Fliegenschnüre sind so gut wie unbrauchbar beim Fischen mit großen Fliegen. Wählen Sie besser eine normale Keulenschnur (WF), die eine besonders kurze Saltwater- oder Bassbug-Keule besitzt, oder einen Schusskopf mit dünner Schussschnur. Ans Wasser nehme ich immer ein paar Schussköpfe in unterschiedlichen Sinkgeschwindigkeiten mit, wodurch ich für alle Situationen gerüstet bin. Ihre Länge liegt zwischen acht und elf Metern, sie tragen ein kräftiges Vorfach am einen Ende und eine Schlaufe am anderen. Beim Fischen führe ich sämtliche Schussköpfe einzeln in Tüten verpackt mit, auf die ich mit wasserfestem Filzstift die Sinkgeschindigkeit, das Gewicht in Gramm und die Schnurklasse notiere. Möchten Sie Ihre Schussköpfe selbst herstellen, kann Ihnen die untenstehende Tabelle sicher nützen. Sonst benötigen Sie nur eine Briefwaage, eine Schere und einige billige Fliegenschnüre, die ein oder zwei Schnurklassen über der auf der Rute angegebenen liegen. Übrigens geben die Hersteller schnell sinkender Schnüre das Gewicht oft in Grains an (1 Grain = 0,0648 Gramm), deshalb steht diese Angabe ebenfalls in der Tabelle.

AFTM	Gewicht in Grain	Gewicht in Gramm
1	60	3,9
2	80	5,2
3	100	6,2
4	120	7,8
5	140	9,1
6	160	10,4
7	185	12,0
8	210	13,6
9	240	15,6
10	280	18,1
11	330	21,4
12	380	24,6

Möchte ich einen Schusskopf an meine Rute anpassen, wiege ich erst ein Stück ab, das zur Rute passt. Dann nehme ich ein bis zwei Meter zusätzlich und schneide ab. Danach binde ich eine Schlaufe an beiden Enden, montiere sie an die Schussschnur auf der Rolle und gehe in den Garten, wo ich die Leine teste. Geriet sie zu schwer, was eigentlich der Fall sein sollte, schneide ich 20-50 Zentimeter ab. Das mache ich so lange, bis die Schnur meinem Gefühl nach optimal die Rute auflädt (spannt). Aber Vorsicht: Sie können den Schusskopf problemlos verkürzen, jedoch keinesfalls wieder verlängern!

Vorfächer
Das Vorfach zum Fang von Hechten muss kräftig sein. Es gibt keinen Grund, eine dünnere Schnur als 0,40 Millimeter starkes Monofil zu benutzen. Als ich mit dem Hechtfi-

schen begann, verwendete ich zunächst ein normales Forellenvorfach mit angeknüpfter starker Monofil-Spitze (engl. Shock-Tippet). Das schöne Stück erwies sich allerdings schnell als zu schwach für das Werfen großer Fliegen. Darum benutze ich nun ein paar einfache und ziemlich grobe Vorfächer, wiederum aus Mono. Sie bestehen aus etwa einem Meter 0,45er und 20-30 Zentimeter langem 0,60er. Fische ich an hängerträchtigen Stellen, binde ich ein dünneres Stück Nylon zwischen der bisssicheren Spitze und der 0,45er als Sollbruchstelle. So kann ich das Vorfach abreißen, wenn die Fliege festsitzt. Zudem müssen Sie sich beim Einsatz einer Runningline oder Nachschnur mit geringerer Tragkraft als dem Vorfach darüber im Klaren sein, dass sie dann die schwächste Stelle bildet und als Erstes reißt. In diesem Fall verlieren Sie möglicherweise Ihre Fliegenschnur. Normalerweise stellt es jedoch kein Problem dar, den Haken mit gleichmäßigem Zug aufzubiegen oder abzubrechen.
Insgesamt interessieren mich bei der Wahl des Vorfachmaterials weniger die Tragkraftangaben, als vielmehr die Abriebfestigkeit. Darum verwende ich abriebfeste, härtere Schnüre wie Maxima oder Synergy. Sie widerstehen den Zähnen des Hechtes am besten und übertragen durch ihre Härte die Kraft des Wurfs am besten auf die große Fliege. Somit streckt sich das Vorfach sehr gut.
Wenn Sie Pech haben, durchtrennen die scharfen Hechtzähne selbst ein 0,60er Mono-Vorfach, aber das passiert selten. Einige Hechtfischer bevorzugen eine kurze Vorfachspitze aus Kevlar. Persönlich finde ich meine Standardmethode jedoch zufriedenstellend und hatte deshalb noch keinen Grund mit Kevlar zu experimentieren (Anm. d. Red.: Wer auf Nummer Sicher gehen will, fischt mit einer Spitze aus geflochtenem Stahldraht).

Hechtfliegen

Nur die wenigsten meiner Fliegen stellen halbwegs genaue Imitationen von Beutetieren dar. Viel häufiger versuche ich, mit einer halbwegs passenden Silhouette, der richtigen Farbe, der richtigen Führung und einer passenden Größe den Hecht zum Biss zu animieren. Hechtfliegen können, aus Sicht des Hechts, nicht groß genug sein. Schließlich möchte der Räuber mit möglichst wenig Energieverlust möglichst viel Energie aufnehmen. Somit begrenzen nur die wurftechnischen Möglichkeiten die Größe der Fliege.

Damit der Köder im Wurf möglichst wenig Widerstand bietet und im Wasser verlockend spielt, müssen Hechtfliegen aus weichen, pulsierenden Materialien bestehen. Polarfuchs, Icelandic Hair, Kaninchenstreifen, weiche Hahnensattelfedern und synthetische Flashmaterialien bilden die wichtigsten Bindematerialien meiner Fliegen. Mit diesen Komponenten kann ich eine 10-15 Zentimeter lange Fliege fertigen und sie trotzdem mit einer Fliegenrute der Klasse 7-8 werfen. Versuchen Sie auch einmal von einen Kanu oder einem Ruderboot aus zu schleppen. Hier ist nicht das Werfen das

Wichtigste und Sie können (zumindest theoretisch) Monsterfliegen binden, die einen halben Meter oder mehr messen.
In den USA ist es bereits eine Tradition, mit Schwimmschnur und Poppern auf Schwarzbarsche zu angeln. Popper sind große schwimmende Streamer, die so viel Unruhe, Bewegung und Wellen wie möglich an der Oberfläche erzeugen sollen. Der Körper dieser Fliegen besteht aus Hirschhaar, Balsaholz, Kork oder Kunststoffen wie Schaumplastik oder Styropor. Als die amerikanischen Fliegenfischer nun mit dem gezielten Fischen auf Hecht begannen, setzten sie die Popper selbstverständlich auch auf die großen Räuber an. Und das mit Erfolg. Kreative Fliegenbinder entwickelten inzwischen sogar Popper, die nicht nur poppen, sondern wahlweise tauchen, aus dem Wasser springen oder mit hektischen Bewegungen kurz unter der Oberfläche schwimmen. Alle diese Typen sind hervorragende Hechtfliegen, mit denen man die Beutetiere der Hechte und deren Fluchverhalten sehr gut imitieren kann.
Die Farben der Hechtfliegen sollten eher auffällig sein. Sichtbarkeit ist wichtiger als das perfekte Design. Kontrastreiche Kombinationen wie gelb/rot, weiß/rot, gelb/schwarz, pink/violett und viele andere erzielen eine gute Wirkung. Alle werden noch effektiver, wenn Sie einige reflektierende Fasern dazu geben. Sorgen Sie unbedingt dafür, dass Sie einige Hechtfliegen mit Krautschutz aus etwas dickem Monofil in die Köderschachtel packen. Denn sie bleiben längst nicht so schnell an Wasserpflanzen hängen wie die ungeschützten Modelle. Im Schilf und zwischen Seerosenfeldern sind sie unentbehrlich.

Hecht Streamer (Morten Valeur)

Haken:	Kamasan B840 Größe 1/0-3/0
Garn:	schwarz
Kopf:	Messingkugel
Schwanz:	ein Strang Purple Flash
Flügel:	abwechselnd purple, dunkelgrau und purple Flashabou an einem Ende in eine Dubbingschlaufe einzwirnen und danach von hinten nach vorn um den Haken winden.

Dahlberg Diver (Larry Dahlberg)

Haken:	Mustad Stinger Größe 2-1/0
Garn:	schwarz
Flügel/ Schwanz:	Olive Kaninchenfellstreifen und 6-8 Fasern Pearlflash
Kragen:	gestutztes Hirschhaar
Kopf:	dichtes, zurecht geschnittenes Hirschhaar

Rusty Bunny (Michael Jensen)

Haken:	Mustad Stinger Größe 2-1/0
Garn:	rot
Schwanz:	ein Strang Flashabou in gold, darauf einen grauen Kaninchenfellstreifen (orange gefärbt). Die Länge des Schwanzes variiert zwischen 10 und 15 Zentimeter.
Körper:	Grauer Kaninchenfellstreifen (orange gefärbt) um den Haken gebunden
Brust:	Hahnensattelfeder in grizzly, braunorange eingefärbt
Augen:	zwei goldene Plastikperlen

Hausmaus (viele verschiedene Varianten möglich)

Haken:	Mustad Stinger Größe 2-1/0
Garn:	schwarz
Krautschutz:	0,50 mm Monofil
Schwanz:	ein schmales Stück Leder
Körper:	Hirschhaar zurecht geschnitten.

Diving Popper (Michael Jensen)

Haken:	Mustad Stinger Größe 2-1/0
Garn:	rot
Schwanz:	ein Strang Flashabou in gold, darauf zwei Stränge Islandhaar oder Polarbär in gelb und orange.
Kopfhechel:	orange gefärbte Hahnenhechel in Bagger-(Dachs-) Färbung (dunkel am Federkiel)
Kopf:	aus zugeschnittenem Kork, Balsaholz oder Epoxidharz, danach angemalt und lackiert
Augen:	aufgemalt in gelb mit schwarzer Pupille.

Studenten Popper (Søren Flarup Nielsen)

Haken:	Tiemco Bass oder Mustad Stinger
Garn:	rot
Schwanz:	fluopink und oranges Marabou zusammen mit einigen Fibern Pearl Flash-Dubbing.
Beinchen:	auf jede Seite des Schwanzes bindet man eine grizzly Hahnensattelfeder oder Schlappenfeder (besonders lange Schwanzfeder des Hahns) in orange
Stützhechel:	vor dem Schwanz eine weiße Hahnenhechel
Kopf:	dichtgepacktes Hirschhaar, weißer Bug mit orangem Rücken mit schwarzen Streifen. Am Hakenschenkel werden vier Gummibeine eingebunden.
Augen:	Glasaugen

Barsch

Pünktliche Barsche

Der Himmel verleiht der Wasseroberfläche im Abendrot viele verschiedene rosa und purpurfarbene Töne. Ein Reiher gleitet durch die Luft und ändert seine Richtung mit einem Krächzen, als er mich sieht. Es ist ein Spätsommerabend am See. Nah am Ufer ziehen große Jungfischschwärme vorbei. Meist Barsche und kleine Weißfische. Alles ist friedlich und idyllisch – noch.
Ich sitze im Gras und genieße eine Tasse Kaffee, während ich die Fliegenrute montiere. An das Vorfach kommt ein großer weißer Streamer. Jetzt hetzt mich nichts, ich warte auf die Barsche.
Ich bin ganz entspannt. Sie werden kommen. Sie jagen Brutfischchen und sie erscheinen in der letzten Stunde vor Sonnenuntergang. Ich bin nicht jeden Tag in der Stimmung für große Herausforderungen, und das hier wird wunderbar unkompliziert. Ich muss nur warten bis ich die Fische sehe, einen Streamer vor ihnen platzieren und...
Plötzlich wird die Stille von einem lauten Platschen unterbrochen. Kleinfische spritzen aus dem Wasser. Ich sehe drei große Barsche durch die Schwärme jagen. Die Ankunft ist pünktlich. Aus Prinzip trage ich keine Uhr. Hätte ich jedoch eine, könnte ich sie pünktlich nach den Stachelrittern stellen. Ich trinke meinen Kaffee aus, nehme meine Rute und versuche vorauszusehen, wo sie ihren nächsten Angriff starten.
Ein Plätschern reißt mich aus meinen strategischen Gedanken, der zweite Angriff ist in vollem Gange. Und natürlich genau da, wo ich ihn am wenigsten erwartet hatte. Ich schicke meine Fliege in die Gefahrenzone. Zwei gehen der vermeintlichen Beute nach. Ich erhöhe die Geschwindigkeit und ein Angreifer versucht den anderen abzuhängen, um als Erster da zu sein. Dann strafft sich die Fliegenschnur und der Fisch windet sich an der Oberfläche. Die leichte Rute biegt sich, als ich den Fisch unter Druck setze. Der Barsch windet sich und das Vorfach verfängt sich im Schilf. Nach ein paar bangen Minuten bekomme ich es frei und ziehe den schönen Fisch an Land. Nochmals alles von vorne, der nächste wartet schon. So geht es fast eine Stunde weiter.
Dann ist es vorbei, genau so schnell wie es begann. Während die Sonne hinter den Hügeln im Westen untergeht, lege ich ein halbes Dutzend Barsche und ein paar wilde Kräuter in meinen Korb. Morgen kommen sie auf den Tisch. Zusammen mit frischen, neuen Kartoffeln, Buttersoße und ein wenig Petersilie.

✦ ✦ ✦

Barsch

Viele Mädchen und Jungen unternehmen ihre ersten Schritte als Angler mit dem Barsch. Zwar ist er oft launisch wie kaum eine andere Art, andererseits greift er in Beißlaune nach fast allen Ködern.

Verbreitung
Der Barsch (*Perca fluviatilis)* ist einer der häufigsten Fische im Süßwasser auf der nördlichen Halbkugel. Von den alpinen Bergseen, den Seen und Flüssen im Flachland bis hinein ins Brackwasser der Ostsee kommt er vor.

Arten
Unter dem Oberbegriff »Barsch« verbirgt sich eine sehr lange Reihe verschiedener Arten in der ganzen Welt. Der größte Repräsentant der Familie ist der Nilbarsch, der mit einer Länge von bis zu zwei Metern jedem Angler das Adrenalin durch den Körper schießen lässt.

Gestalt
Der Barsch zählt zu unseren schönsten Süßwasserfischen. Sein Körper ist hoch und bei

älteren Tieren am Rücken recht stark gebogen. Die vordere der beiden Rückenflossen trägt kleine Stacheln. Der Rücken ist dunkelgrün bis schwarz, die Seiten leuchtend grüngelb mit fünf bis sieben schwarzen Querstreifen. Die Bauchseite ist hell gefärbt. Schwanz-, Bauch- und Brustflossen sind rötlich. Die Farben variieren stark von Gewässer zu Gewässer. Sogar im selben See können verschiedene Färbungen vorkommen. So sind die Barsche der Uferzone meist sehr kräftig gefärbt, während die pelagisch im Freiwasser jagenden viel blassere Farben tragen. Barsche mit einem Kilo Gewicht gelten bereits als große Fische. Der größte bekannte Barsch wurde nach einem Dammbruch im Edersee gefangen – er wog nicht weniger als sieben Kilogramm.

Fortpflanzung
Steigt die Wassertemperatur im Frühling auf etwa 7-8 °C, beginnt das Laichgeschäft der Barsche. Allerdings erfolgt die Eiablage im flachen Wasser, wo die Hechte gerade das Laichen beendeten und einen entsprechend großen Appetit besitzen. Unbehelligt gebliebene Barsche legen ihre Eier in langen, zusammenhängenden Ketten an Wasserplanzen, Steinen und versunkenen Baumwurzeln ab. Manchmal können Sie diese langen, weißen Laichbänder sogar am Grund entdecken. An manchen Stellen bedecken sie den Gewässerboden vollständig.
Da der Barsch sehr produktiv ist und verhältnismäßig langsam wächst, neigt er in manchen Gewässern zur Verbuttung. Dort sind die Barsche selten länger als 15-20 Zentimeter. Haben Sie so einen Bestand in Ihrem heimischen See, dann sollten Sie dafür sorgen, dass der Barschbestand entschieden zurückgeht. Die effektivste Methode ist das Aussetzen von Raubfischen wie Hecht und Zander, kombiniert mit einer verstärkten Befischung der Barsche. Die Schonzeiten variieren je nach Bundesland.

Nahrung
Junge Barsche leben von einer vielseitigen Kost aus kleinen Krebsen, Wasserinsekten und Fischbrut. Das Gleiche gilt in der Regel für einen verbutteten Bestand. Größere Exemplare ernähren sich hauptsächlich von Fisch. Der Barsch jagt, im Gegensatz zum Hecht, oft in der Gruppe. Das gilt besonders bei den Freiwasserbarschen. Mit dieser Technik können sie Schwärme von Beutefischen wie kleine Lauben an die Oberfläche oder ans Ufer treiben. Wenn der Fluchtweg abgeschnitten ist, gehen die Barsche zum Angriff über und jeder holt sich seine Beute. Findet der Angriff an der Oberfläche statt und springen gejagte Fischchen dabei aus dem Wasser, beteiligen sich häufig Möwen und andere Wasservögel an der Fressorgie. Sie sind dann ein sicheres Signal für den Angler. Die Barsche am Ufer werden mit dem Alter zu Einzelgängern.
In Seen mit einem gutem Krebsbestand spezialisieren sich einige Barsche auf das Fangen von Krebsen. Frösche, Salamander und Kaulquappen stehen ebenfalls auf ihrem Speiseplan.

Tipps

Winter und Frühling
Wo der Barsch in Brackwasser lebt, zieht er zum Laichen meist ins Süßwasser. Er kann dies zwar auch im Brackwasser, zieht aber die Unterläufe der Flüsse vor. Schon in den frühen Wintermonaten suchen die Fische die ruhigsten Plätze auf. Wenn der Winter hart ist, ziehen sie direkt in den Fluss. Hier warten sie, oft in Gruppen, in den tiefen und ruhigen Abschnitten. Die Lebensbedingungen im Brackwasser sind in der Regel gut. Darum liegt das Durchschnittsgewicht der wandernden Barsche bei einem Kilo. Es sind diese starken Fische, welche die Fliegenschnur zum Summen bringen.

Im Laufe des Frühlings setzen sie ihre Wanderung stromaufwärts fort und gelangen schließlich zu ihren Laichplätzen. Während ihres gesamten Aufenthalts im Süßwasser nehmen sie Nahrung zu sich. Da ihr Stoffwechsel jedoch langsam ist, schwimmen sie der Beute nicht lange hinterher. Farbenfrohe Fliegen haben sich in dieser Situation bewährt, allerdings müssen sie direkt über dem Grund fischen. Nobbler, Minnows und andere Jigähnliche Konstruktionen eignen sich durch ihre Beschwerung am besten. Als Upside down gebundene Fliegen bleiben sie zudem nur selten am Boden hängen. Fischen Sie mit Intermediate, Sinktip- oder vollsinkenden Fliegenschnüren, je nach Wassertiefe. Nur in sehr flachen Passagen kann man eine schwimmende Schnur in Erwägung ziehen und in diesem Fall nur mit einem langen Vorfach. Die Technik mit der sinkenden Fliegenschnur und der schwimmenden Fliege, wie ich sie beim Zander und Hecht beschrieben habe, eignet sich genauso für Barsche.

In See und Moor kann man auch im Winter fischen, solange Eis das nicht verhindert. Der Köder muss dabei so tief und so langsam wie möglich laufen. In der Mitte des Frühlings leben die Barsche auf und werden wieder aktiver. Von April bis Mai, zur Paarungszeit, sind die Schwärme sehr konzentriert. Ende Mai kann man einen hektischen Fangtag erleben, genau an den Laichplätzen. Die Fische sind schlank, kommen aber schnell wieder in Form, und stopfen sich mit Stinten, Lauben und anderen Kleinfischen voll. Im Laufe des nächsten Monats sind sie in Top-Form, aber leider auch schwer zu finden.

Sommer

Im Laufe des Juni verteilen sich die Barsche wieder im See. Kleinere Fische findet man das ganze Jahr über in Ufernähe, während die gewichtigeren Exemplare ihre eigenen Wege gehen. Überall können sie auftauchen und Schwärme von Kleinfischen angreifen. Ich versuche in der Regel, so viel Wasser wie möglich zu befischen, damit steigen die Chancen, sie zu finden. Auf einem See heißt das Bootsfischen. Denn vom Boot aus können Sie mit einer Intermediate- oder Sinktipschnur in zwei bis vier Meter Tiefe vor dem Schilfgürtel fischen. Finde ich hier keine Barsche, montiere ich eine vollsinkende Leine

und suche alles in vier bis sechs Meter Tiefe ab. Bringt dies auch keinen Erfolg, rudere ich ein bisschen über den See – mit dem Streamer im Schlepptau. Die unregelmäßigen Schübe, die beim Rudern entstehen, lassen die Fliege »leben«. Konnte ich Fische finden, suche ich rundum das Gebiet sorgfältig fächerförmig ab.

In küstennahen Seen kommt es manchmal im Frühsommer zu einer regelrechten Zusammenarbeit von tauchenden Möwen und angreifenden Barschen. Es sind oft Stinte und Lauben, die hier gefangen werden, aber auch die kleineren Friedfische kommen dabei in Gefahr. Das Angeln gestaltet sich jetzt sehr spannend und ergiebig. Allerdings benötigen Sie zum Verfolgen der Schwärme ein Boot. Ein Motorboot, Kanu oder Kajak wäre ideal, denn ein Ruderboot ist in der Regel zu langsam. Sie sollten nicht zu nahe an die Fische heran fahren, damit verjagen Sie sie nur. Ankern Sie kurz vor dem Ort des Geschehens oder driften Sie und werfen in die jagenden Barschschwärme. Ein sinkender Schusskopf lässt sich weit werfen und bringt die Fliege zu den Fischen, selbst beim schnellen Einholen. Außerdem reduzieren Sie Ihre »Chance«, eine Möwe zu fangen.

An Sommerabenden mit einem Insektenschlupf jagen die Barsche oft an der Oberfläche. Versuchen Sie es mit Ihrer Trockenfliegen-Ausrüstung. Ein paar spannende Stunden mit vielen Barschen und Beifängen wie Rotaugen und Forellen sind sehr wahrscheinlich.

Im August kann man abends sehr gut vom Ufer aus fischen. An einem meiner Barschseen jagen die Fische die Kleinfischschwärme bis fast aufs Land. Das geschieht meist im späten August und nur in der goldenen Stunde, bevor die Sonne verschwindet. Die Barsche umzingeln ihre Beute und treiben sie bis dicht unters Ufer. Greifen die Räuber schließlich an, springen kleine Fische in Panik oft aufs Land. Übrigens sind sowohl Uferbarsche, Freiwasserbarsche als auch kleine Hechte bei diesen Angriffen dabei. Sobald die Sonne hinter den Horizont taucht, ist allerdings alles vorbei.

Herbst

Den ganzen Herbst hindurch sind Barsche aktiv. Oft trifft man jagende Barschschwärme immer noch in Ufernähe, solange die Beutefische sich hier aufhalten. Sobald der Nachtfrost einsetzt, ziehen die Beutetiere in die Mitte des Sees. Hier, mitten am Tag, ziehen sie meist zurück ins flache Wasser. Der Barsch folgt ihnen. Wenn die Temperatur dann immer weiter fällt, ziehen sich Beutefische und Barsche ganz ins tiefe Wasser zurück. Dann bestehen Chancen meist nur noch mit dem Boot.

Ausrüstung

Rute

Eine Forellenrute passt genauso für den Barsch. Und eine Rute der Klasse 5 oder 6 besitzt wohl jeder Fliegenfischer. Wenn ich im Sommer den Barschen im See nachstelle und sie an die Oberfläche nach Mücken steigen, benutze ich gerne meine gespließte Rute von 7,5 Fuß der Klasse 5. Fische ich dagegen in einem kleinen Bachlauf, nehme ich eine kurze Rute von 180 cm oder 6 Fuß der Klasse 3. Zum Fischen im Winter auf die großen Brackwasserbarsche mit Sinkschnur und Streamer benutze ich eine stärkere Rute der Klasse 7.
Wie Sie sehen können, gibt es viele verschiedene Barschruten. Einen Typ davon besitzen Sie sicher. Wie beim Hecht bestimmen nicht Größe und Stärke des Fisches die Rutenklasse, sondern die Bedingungen, unter denen man fischt.

Rolle

Jede leichte Fliegenrolle die zu Ihrer Rute passt und Platz für 50-100 Meter Nachschnur plus Fliegenschnur bietet, eignet sich zum Barschfischen. Die Nachschnur ist notwendig. Nicht zum Ausdrillen des Barschs, sondern damit die Fliegenschnur nicht zu eng gewickelt wird und die Schnur dann kringelt (Anm. d. Red.: Alternativ können Sie genauso eine Rolle mit großem Spulenkern kaufen. Dazu zählen die Loop-Modelle und das Modell Regent des Herstellers Stenzel). Ich fange schon seit über zehn Jahren Barsche mit der Fliege und erlebte bis jetzt nur einmal, dass mein Backing durch den Spitzenring rutschte. Es war ein schöner Hecht, der ein halbes Kilo Barsch im Maul hatte. Und in diesem Barsch hing gerade eine meiner Nymphen. Ich stand da und konnte dem Hecht nichts entgegensetzen. Es kam natürlich so, wie es kommen musste. Der Hecht bekam seinen Barsch und ich einen Beweis dafür, dass 0,15 Millimeter dünne Vorfächer und Hechte nicht zusammengehören.

Schnur

Eine schwimmende Fliegenschnur reicht im Sommer meist aus. Möchten Sie jedoch das

ganze Jahr über Barsche fangen, müssen Sie eine schnell sinkende Schnur in Reserve halten. Zum Angeln mit größeren Streamern sollten Sie eine Keulenschnur oder einen Schusskopf vorziehen. Kleine Fliegen lassen sich auch mit einer DT transportieren.

Vorfach

Zum Fischen mit der Trockenfliege und der Nymphe benutze ich gern die neuen Polyleader mit etwa drei Metern Länge plus 120 Zentimeter Spitzenmaterial der Stärke 0,15 bis 0,20 mm Monofil. Zum Fischen mit Streamern und Schwimmschnur nehme ich eine kräftigere Spitze aus 0,20 bis 0,30 mm. Bei sinkenden Leinen greife ich auf ein sehr kurzes Vorfach zurück, oft nur einen bis eineinhalb Meter lang und mit einer Spitze von 0,25 bis 0,35 mm. Viele Angler vertreten die Meinung, dass der Barsch sehr Vorfachscheu ist und benutzen deshalb dünnere Spitzen. Nachdem ich unzählige Barsche auf große Fliegen und 0,60er Vorfachspitzen beim Hechtfischen fing, möchte ich diese Theorie in Frage stellen. Ich glaube, dass das Vorfach sehr wohl vom Fisch gesehen wird, egal wie dick es ist. Es besteht jedoch sicher kein Zweifel daran, dass eine Fliege, die an ein dickes Vorfach fest angebunden im Wasser hängt, sehr tot wirkt. Darum benutze ich einen Schlaufenknoten, auf dem die Fliege sich frei bewegen kann. Und dies nicht nur auf Barsche, sondern auf alle Fische und mit allen Fliegen von den kleinen Trockenen bis zu monströsen Hechtstreamern.

Barschfliegen

Einer meiner besten Freunde, der übrigens ein guter Barschfischer ist, hat ein sehr lockeres Verhältnis zu seinen Barschfliegen. Er besitzt eine große Fliegendose mit der Aufschrift »Barschfliegen«. Hier endet jede Fliege, die nicht so gelungen ist, wie er es sich vorgestellt hatte. Und andere Fliegen, die eigentlich etwas anderes werden sollten. Das sagt etwas über die differenzierte Wahrnehmung des Barsches aus: Es ist ihm egal, ob die Feder am Nacken eines englischen Fasans gesessen hat oder am Hintern eines dänischen Grillhähnchen. Eines scheint aber ab und zu wichtig zu sein: die Farbe. Grelle kontrastreiche Kombinationen fangen meist am besten. Am meisten Vertrauen setze ich in Gelb, Orange, Magenta und Rot. In klarem Wasser nehme ich immer als Erstes meinen Perch Killer, eine Wooly Bugger Variante in schwarz und magenta. Da Barschfliegen die meiste Zeit des Jahres dicht über dem Boden geführt werden müssen, sind jigähnliche Typen am sinnvollsten. Binden Sie einige der beliebtesten wie Dog Nobbler, Clousers Deep Minnow oder Marabou Jigs. Dazu kommen ein paar beschwerte Fliegen auf Keelhaken und ein paar kleine Popper oder Dahlberg Diver. Zum Schleppen sind Fliegen mit Kaninchenfellstreifen im Zonkerstil fängig, wobei sich an großen Ausführungen auch Hechte vergreifen. Zonker für Barsche sollten nicht länger als 10 Zentimeter sein, obwohl Barsche gerne für sie eigentlich viel zu große Köder nehmen. Binden Sie ein paar von ihnen und runden Sie die Sammlung mit schlichten Trockenfliegen und Nymphen ab.

Perch Killer (Michael Jensen)

Haken:	Kamasan B 800 Größe 2-6
Garn:	schwarz
Schwanz:	magentafarbenes Grizzly-Marabou
Körper:	schwarzes Flash-Chenille
Hechel:	Palmer, magentafarbene Grizzly-Hahnenhechel
Kopf:	der flauschige Teil der gerade genannten Hechel

Clouser's Deep Minnow Variante (Bob Clouser)

Haken:	Kräftiger Streamerhaken Größe 1-4
Garn:	gelb
Augen:	Bleiaugen auf die Oberseite des Hakens gebunden, so dass die Fliege mit der Hakenspitze nach oben zeigt
Flügel:	erst gelber Polarbär oder entsprechender Ersatz oben auf den Haken, darüber goldenes Krystal-Flash und goldenes Flashabou, zum Schluss etwas goldoliver Polarbär oder Ersatz

Orange Wiggle Bug (Larry Tullis)

Haken:	Mustad Stinger Größe 10 oder ein anderer leichter Haken
Garn:	rot
Schwanz:	oranges und rotes Marabou
Hechel:	Palmerhechelkranz aus weißer Hahnenhechel
Körper:	Bast, Balsa oder Weichplastik, zurecht geschnitten und angemalt

Golden Jig (Michael Jensen)

Haken:	Mustad Jig Haken Größe 2
Garn:	gelb
Schwanz:	goldenes Flashabou, darüber ein Strang Grizzly-Marabou in Gold
Körper:	warmgelbes Flash-Chenille
Kopf:	Bleiaugen in Epoxidharz

Dog Nobbler (Trevor Housby)

Haken:	Kamasan B157 Größe 6-10
Garn:	schwarz
Schwanz:	schwarzes Marabou
Körperende:	fluopinkfarbenes Wollgarn
Körper:	schwarzes Chenille
Hechel:	vorn, schwarze Hennenhechel
Kopf:	Bleischrot um den Haken geklemmt und mit Sekundenkleber befestigt. Kopf schwarz anmalen, dazu weiße Augen mit schwarzer Pupille

Zander

Zander

Der Zander ist der mystische Fisch der Seen. Er besitzt keinen festen Einstand und scheint ständig zu wandern. Zander meiden helles Licht und verfügen für die Jagd im Dunkeln über sehr gute Augen. Als ausgeprägter Raubfisch nimmt er gerne große Streamer, jedoch erfordert seine spezielle Lebensweise eine besondere Angeltaktik.

Verbreitung

Die Heimat des Zanders (*Stizostedion lucioperca*) liegt eigentlich in der früheren Sowjetunion sowie dem übrigen Osteuropa. Durch Besatzmaßnahmen gelangte er nach ganz Mittel- und Westeuropa, einschließlich den Britischen Inseln. In Skandinavien findet man ihn in Dänemark, Schweden, Finnland und im Osten Norwegens.

Der Zander bevorzugt sauerstoffreiche Seen sowie die unteren Abschnitte größerer Flusssysteme. In der warmen Jahreszeit ziehen einige Bestände in Brackwasserregionen der Ostsee zur Nahrungssuche.

In Nordamerika leben zwei weitere verwandte Arten, beide ähneln unserem Zander sowohl im Aussehen als auch in der Lebensart. Am bekanntesten dürfte bei uns der Walleye sein.

Aussehen

Der Zander sieht fast aus wie ein überlanger Barsch. Genau wie er besitzt der Zander zwei Rückflossen, von denen die vordere Stacheln trägt. Die Körperform ist im Querschnitt jedoch runder, besonders bei älteren Tieren. Der Zander ist mit seinem torpedoförmigem Körper für lange Ausdauerjagden gebaut und nicht nur wie der Hecht zu schnellen Überraschungsangriffen fähig.

Die Farbe der Flanken variiert von olivgrün bis golden. Der Rücken ist dunkel und die Brust cremeweiß. Die maximale Größe liegt etwa bei 120 Zentimeter und knapp 20 Kilo.

Fortpflanzung

Die Laichzeit des Zanders liegt im April-Mai und beginnt, wenn die Wassertemperatur etwa 12° C beträgt. In flachen und damit wärmeren Seen läuft die Paarung bereits Anfang April, in tieferen, kälteren Seen erst Mitte Mai. Die Eiablage erfolgt über festem Grund, bevorzugt an Steinen und im Wasser versunkenen Ästen in etwa ein bis drei Meter Tiefe.

Nahrung

Als ausgeprägter Raubfisch lebt der Zander überwiegend von Fisch, wobei er sich jedoch deutlich vom Hecht unterscheidet. Denn der Hecht zieht die Jagd in hellem, klarem Wasser vor, da er sich fast nur mit den Augen orientiert. Darum lebt er in erster Linie in klaren Gewässern. Den Zander stattete die Natur hingegen mit einem fantastischen Sinnesapparat für wenig Licht aus. Seine Augen verfügen über lichtverstärkende Zellen. Sie konzentrieren das geringste Licht und ermöglichen dem Zander selbst in der Dunkelheit eine sehr gute Orientierung. Ähnliche Systeme entwickelte der Mensch mit Hilfe der Technik – die Nachtsichtgeräte und Restlichtverstärker für Militär und Überwachungsanlagen. Das System ist kompliziert, die Wirkung sehr eindrucksvoll. Der Zander kann seine Beute, die in der Regel total nachtblind ist, sehr gut im Dunkeln wahrnehmen. Die Nachtsicht in Kombination mit seiner empfindlichen Seitenlinie lässt den Zander nicht nur im Dunkeln erfolgreich jagen, sondern genauso in trüben Flüssen und Kanälen.

Hat der Zander seine Beute eingeholt, fängt er sie mit seinen Greifzähnen und schluckt sie am Stück – übrigens mit dem Schwanz zuerst. Seine Beute umfasst alles, was in sein Maul passt, wie Laube, Stint, Rotauge, Barsch, klei-

ne Hechte sowie Artgenossen. Bietet sich die Gelegenheit, nimmt er außerdem Vögel, Kröten und kleine Säugetiere.
Hecht und Zander können gut zusammen leben, bleiben jedoch stets Nahrungskonkurrenten. In klaren Seen und Bächen wird der Hecht dominieren, in trüben Gewässern der Zander.

Tipps

Winter
Wie alle übrigen Raubfische folgt der Zander den Futterfischen. Darum findet man ihn im Winter im tieferen Wasser der Seen, wo er die hier überwinternden Kleinfischschwärme dezimiert. Der Stoffwechsel ist langsam und die aktiven Perioden nur kurz – eine schwere Zeit für den Fliegenfischer. In Flüssen stehen die Chancen besser. Nehmen Sie schnell sinkende Schussköpfe und führen die Fliege kurz über dem Gewässergrund.

Frühling
Im zeitigen Frühling kommt kurz Leben in den See. Die kleinen Fische ziehen während des Tages zum Ufer hin und der Zander folgt. Im März bis April schwimmen die geschlechtsreifen Stachelritter zu den Laichplätzen. In dieser Zeit konzentrieren sie sich oft an bestimmten Stellen wie Zu- und Abläufen und anderen strömungsreichen Stellen in stehenden Gewässern.

Sommer
Nach dem Laichen besitzt der Zander einen kräftigen Appetit und will den ausgezehrten Körper schnell wieder in Bestform bringen. Zum Glück sammeln sich gerade jetzt große Schwärme von Lauben im flachen Wasser und die Jagd beginnt. Doch sobald der Zander seinen größten Hunger gestillt hat, kehrt er zu seinem Eigenarten zurück und wird verstärkt lichtscheu. Den ganzen Sommer über stellt sich Erfolg meist nur ein, wenn tagsüber tief gefischt wird. Sinkende Schussköpfe und jigähnliche Fliegen sind notwendig. Denken Sie daran, dass der Zander festen Grund bevorzugt. Riffe unter Wasser, Steinhaufen, Geröllbänke, große Steine und versunkene Baumstämme sind sichere Plätze – kurz gesagt die strukturreichen Ecken. Schlägt eine mit Bleikopf ausgestattete Jigfliege auf die Steine, erzeugt sie ein für Zander offenbart äußerst interessantes Geräusch. In der Nacht sowie der Morgen- und Abenddämmerung steigt er in die oberen Wasserschichten. Jetzt trifft man ihn dicht am Ufer und an der Wasseroberfläche. Hier jagt er kleine Fischschwärme. Nehmen Sie dunkle Fliegen, die somit eine kräftige Silhouette gegen den Nachthimmel besitzen, und die irgendwie Geräusche verursachen, sei es durch Wackelaugen oder eine Welle an der Oberfläche.
Fliegen wie Muddler, Diver und Popper lösen diese Aufgabe hervorragend. Probieren Sie auch das Schleppen mit großen Fliegen. Sie suchen auf diese Weise ein großes Gebiet ab und finden die Fische einfacher. Halbwüchsige Zander schwimmen oft in Schwärmen, während große Tiere entweder alleine oder mit ein paar Artgenossen unterwegs sind.

Herbst
Das ist die Hochsaison für den Zander. Das scharfe Sonnenlicht des Sommers wird von Wolken und Regen abgelöst. Die dunklen Tage geben dem Zander die Möglichkeit, auch bei Tage in allen Wassertiefen zu jagen. Die Fische sind in Topform, jedoch manchmal schwierig zu finden. Das Schleppen mit der Fliege vom Boot aus ist jetzt effektiver als irgendwann sonst. Nehmen Sie große Fliegen in Imitations- und Reizfarben. Haben Sie keine Angst, auch 20 bis 30 Zentimeter große Fliegen zu verwenden. Fischen Sie langsam. Denn der Zander ist kein Sprinter, sondern ein aus-

dauernder Jäger. Gegen Ende des Herbstes folgt der Zander seinen Futterfischen in die Tiefe der Flüsse und Seen.

Ausrüstung

Rute

Eine kurze kräftige Fliegenrute von 8 bis 9 Fuß der AFTM-Klasse 7-9 eignet sich bestens zum Fischen auf Zander. Das Angeln in den hellen Tagstunden sollte am Grund geschehen, wobei sich die schnell sinkenden Schussköpfe am besten mit so einer Rute führen und werfen lassen. Ist wenig Platz für Rückschwünge vorhanden oder wird gewatet, ist eine längere Rute von etwa 10 Fuß von Vorteil.

Rolle

Wählen Sie eine Rolle mit Platz für 100 Meter Nachschnur und eine Keulenschnur oder einen Schusskopf, der zur Rute passt. Die Anforderungen sind die selben wie beim Hecht.

Schnüre
Die aussichtsreichsten Stellen befinden sich in einer Tiefe von zwei bis acht Meter. Darum sind die sinkenden Fliegenschnüre für die Zanderfischerei die wichtigsten. Verwenden Sie Sinkschnüre ab Sinkklasse 2 bis extrem schnell sinkende, damit sie auch wirklich zum Grund gelangen. Ich verwende Sinkspitzenschnüre wie T-200 und T-300, Multitip-Leinen mit austauschbaren Spitzen und Schusskopfkombinationen.
Außerdem sollten Sie eine Intermediate oder Schwimmschnur für die Nachtfischerei besitzen. Lesen Sie im Hecht-Kapitel, wie Sie Ihre eigenen Schussköpfe anfertigen können.

Vorfächer
Ein kräftiges Vorfach mit einer 0,30-0,40 Millimeter starken Monofil-Spitze eignet sich bestens – für schwimmende Schnüre etwa in Rutenlänge, für sinkende reicht ein Meter.

Zanderfliegen
Die Fliegen für den Zander sind grob gesehen die selben wie für Hecht und Barsch. Es gibt jedoch ein paar Dinge, die bei Zanderfliegen eine besondere Bedeutung besitzen. So müssen sie beim Angeln über Grund oder an Hindernissen unter Wasser hängersicher sein. Mini-Jigs oder Dog Nobblers passen dabei sehr gut. Denn die nach oben gerichtete Hakenspitze macht die Fliege zu fast 100 Prozent hängersicher. Zudem kann der schwere Kopf auf den Boden schlagen und Geräusche aussenden. Die großen Augen geben dem Raubfisch ein gutes Ziel für seinen Angriff. Fliegen mit Auftrieb, wie die Popper, sollten an einer schnell sinkenden Schnur serviert werden. Sie passen auch gut zum Fischen im tiefen Wasser, besonders bei starker Strömung.
Die Farben sollten sehr grell sein. Bedenken Sie, wir suchen den Zander in den Tiefen, wo die Lichtverhältnisse sehr schlecht sind. Gelb, Grün, Orange und Pink sind meine bevorzugten Farben. Dazu kommt eine Portion Flashmaterial, das selbst schwaches Licht reflektiert und für die guten Augen des Zanders leicht sichtbar ist. Experimentieren Sie außerdem mit den so genannten fluoreszierenden und selbstleuchtenden Bindematerialien. Jedoch muss eine Taschenlampe sie bei Nacht aufladen, damit sich der Effekt einstellt.
Die bei Nacht an der Oberfläche gefischten Fliegen sollen füllig und lebendig wirken. Große Muddler oder Popper sind meine Favoriten. Versuchen Sie auch einen Wigglebug.

Rotweißer Köderfisch (Michael Jensen)

Haken:	Mustad 34011 Größe 1-4 geschränkt
Garn:	rot
Flügel:	selbstleuchtendes weißes Flash, darauf silbernes Flashabou, oben ein Strang weißes Islandhaar oder Polarbär (alles wird an die Unterseite des Hakens gebunden)
Kopfhechel:	vorn rotes Kaninchen in einer Dubbingschlaufe eingebunden.
Augen:	Bleiaugen an die Oberseite des Hakens gebunden

Frankie Boy (Michael Jensen)

Haken:	Mustad Stinger Größe 2
Garn:	schwarz
Schwanz:	goldenes Flashabou. Auf jeder Seite werden 2 gelbe und eine grüne Hechel in V-Form eingebunden.
Hechelkranz:	gelbe Hahnenhechel in den Hakenbogen eingebunden
Körper:	naturfarbenes und weißes Hirschhaar gestutzt
Augen:	Puppenaugen mit blauen Wimpern

Pinkfarbener Kopf (Michael Jensen)

Haken:	Mustad Jighaken Größe 2/0
Garn:	rot
Schwanz:	goldenes Flashabou, darauf ein pinker Kaninchenfellstreifen
Körper:	pink gefärbter Kaninchenfellstreifen um den Haken gewickelt
Kopfhechel:	vorn purple und kingfisherblue gefärbte Schlappenfedern (lange Schwanzfeder vom Hahn) zusammen gebunden
Kopf/Augen:	Bleiaugen mit pinkfarbenem Chenille umwickelt

Mein Bastard (Michael Jensen)

Haken:	Mustad Stinger Größe 2
Garn:	fluopink
Schwanz:	gelber Polarbär und goldenes Flashabou.
Hechel:	fluogrüne Schlappenfedern im Hakenbogen eingebunden
Augen:	Puppenaugen
Kopf:	der vorderste Teil des Kopfes ist mit Fluopink-Bindedraht (Tinsel) überwickelt und lackiert.

Karpfen

Brutales Debüt

Ich sitze mit meiner Nase tief in einer amerikanischen Zeitschrift und lese einen spannenden Artikel. Es geht ums Karpfenfischen mit der Fliege. »Wenn der Bonefish die Silbertrophäe des Fliegenfischers ist, dann muss der Karpfen die bronzene sein«, schreibt der Autor begeistert. Ich lese weiter, werde aber plötzlich unterbrochen, als das Telefon klingelt. Ich nehme abwesend den Hörer ab, während ich weiter lese. »Hallo hier ist Karpf.....tut mir leid, hier ist Michael«, sage ich leicht abgelenkt.
»Hier ist Henrik«, sagt die Stimme am anderen Ende. »Willst du heute Abend mit zum Angeln?«
»Klar, aber dann müssen wir es auf Karpfen versuchen!«
»Okay, wir sehen uns um sieben«, sagt Henrik, der durch nichts zu erschüttern ist.

Der See liegt blank vor uns und die Sonne scheint noch kräftig, als wir das Kanu vom Auto nehmen und unsere Fliegenruten fertig machen.
»Wo glaubst du, müssen wir nach ihnen suchen?«, frage ich.
»Sicherlich dort, wo das Wasser am wärmsten ist», schätzt Henrik.
Wir paddeln über den flachen See, bis wir an eine Stelle kommen, an der einige Fische gründeln. Man erkennt es leicht an den an die Oberfläche aufsteigenden Blasen.
»Das sieht aber nicht unbedingt nach Karpfen aus«, sage ich und werfe probeweise eine Nymphe aus. Sie gleitet in das trübe Wasser und plötzlich habe ich etwas am Haken. Ich setze trotzdem einen Anhieb, der eines Karpfens würdig wäre, und drille ein kleines Rotauge.
Wir gleiten weiter und an einer Schilfkante finden wir, was wir suchen.
Drei Rücken ragen aus der Wasseroberfläche. Sie wirken wie ein Trio gut dressierter Delfine. Mit zitternden Händen werfen wir die Leinen aus. Die Nymphen landen vor den Fischen. »Die sind groß«, murmelt Henrik.
»Vier oder fünf Kilo«, schätze ich.
Doch sie schwimmen vorbei, ohne unsere Fliegen auch nur anzusehen. Den ganzen Abend jagen wir die Fische. Wir sehen viele Gruppen mit drei oder vier Fischen und einmal einen großen Schwarm mit etwa 20 großen Karpfen.
Wir haben beide kurze Kontakte mit den Fischen, doch sie spucken unsere Fliegen blitzschnell wieder aus. Als wir diesen Abend zusammenpacken, wollen wir es unbedingt am Morgen wieder versuchen. Wir sind von den Karpfen wie besessen.

Der nächste Tag ist sehr warm. Das muss Karpfenwetter sein. Heute haben wir zwei Kanus mit. Henrik paddelt in einem kleinen Kanu, Ulla und ich in dem großen. Heute muss es klappen. Die erste Gruppe ist schnell gefunden, und endlich schreit Henrik. Er hat einen am Haken. Wir paddeln zu ihm, um den Kampf zu fotografieren. Das kleine Kanu wird über den See gezogen und wir müssen Paddeln wie die Verrückten, damit wir nicht den Anschluss verlieren. Henrik versucht mit aller Kraft, den Fisch unter Kontrolle zu bekommen. Es scheint jedoch, als hätte eher der Fisch ihn im Griff. Er saust mit einem Tempo über den See, wie ich es einem Friedfisch nie zugetraut hätte. »Das hier ist besser als Meerforellen fangen«, ruft Henrik, während der Karpfen eine Kurve dreht und das Kanu fast umkippt.
Endlich ist er müde und Henrik kann den Fisch keschern. Ich mache ein Foto und Henrik setzt den Karpfen ins trübe Wasser zurück. Der Karpfen schlägt mit dem Schwanz und weg ist er.

Kurze Zeit später finden wir einen weiteren Schwarm. Ich werfe und die Fliege gesellt sich zu den gründelnden Karpfen. Ich konzentriere meinen Blick auf den kleinen roten Bissanzeiger am Vorfachende. Jetzt – er verschwindet wie eine Pose und ich setze den Anhieb.
Der Fisch ist gut gehakt. Die Leine wird von der Rolle gerissen, als der Fisch flüchtet. Ich vergesse alles über Bremse und Technik, und lege die Hand auf die rotierende Spule, um den Fisch zu bremsen. Der Handgriff trifft meinen Daumen und mit einem Schrei ziehe ich meine Hand weg. Ich versuche, etwas von der Leine zurück auf die Rolle zu bekommen, während Ulla auf den Fisch zu paddelt. Jetzt legt er wieder los und nimmt dieses Mal das Kanu mit. Die Leine teilt mit einem schneidenden Geräusch das Wasser. Dann plötzlich – ohne Vorwarnung schlägt die Rute hoch. Die Fliege ist los. Diese eine Schlacht war verloren, aber wir hatten noch genug Zeit für eine neue. Trotzdem weckte dieses erste Erlebnis das Karpfenfieber, an dem ich noch heute gerne leide.

✦ ✦ ✦

Karpfen

Der Karpfen ist zusammen mit dem Hecht das echte Großwild des Süßwassers. Es ist schwer, ihn an den Haken zu bekommen. Schafft man es jedoch, zeigt er seine große Stärke, die er gelegentlich eindrucksvoll mit aufgebogenen Haken und abgerissenen Vorfächern belegen kann. Trotzdem, oder gerade deswegen, hat er treue Anhänger: Angler, die vom Karpfen wie besessen sind. Traditionell war die Karpfenjagd den Grundanglern vorbehalten. Aber viele Fliegenfischer lernten die Kampfkraft inzwischen ebenfalls kennen und lassen sich immer wieder von ihr begeistern.

Verbreitung

Der schlanke, komplett beschuppte Wildkarpfen (*Cyprinus carpio*) stammt aus Asien. Seine Heimat reicht über einen Gürtel vom Schwarzen Meer nach Kleinasien, von Mittelasien bis nach China und Japan. Schon vor 2400 Jahren machten die Chinesen den Karpfen zum Haustier und erfanden die Fischzucht. Als es sich herausstellte, dass der Karpfen sehr produktiv, wohlschmeckend und besonders widerstandsfähig war, verbreitete sich die Fischzucht schnell nach Europa und mit ihr der Karpfen. Es waren wahrscheinlich die Römer, mit denen die europäischen Fürsten sonst nur Ärger hatten, die den Karpfen nach Europa brachten. Danach verbreitete er sich schnell und ein paar veredelte Arten wurden gezüchtet. Unter anderem wussten Mönche den kulinarischen Genuss des Karpfens zu schätzen. Naturgemäß brachen einige Karpfen aus den Zuchtteichen aus und gelangten so in freie Gewässer oder sie wurden bewusst dort ausgesetzt.
Heute findet man den Karpfen auf der gesamten nördlichen Halbkugel, von 60° nördlicher Breite bis zum tropischen Gürtel im Süden. Außerdem wurde er in Australien, Neuseeland, Indien und Südafrika eingeführt. In Skandinavien lebt er in Dänemark und Südschweden. Der Karpfen ist ein ausgeprägter Flachlandfisch und lebt primär in ruhigen, wärmeren Seen sowie den unteren, ruhigeren Abschnitten der Flüsse. Zu den verschiedenen Formen des Karpfens gehören vor allem Leder-, Zeil- und Schuppenkarpfen, die das Ergebnis jahrhundertelanger Zucht darstellen. Aber sie alle stammen vom asiatischen Wildkarpfen ab.

Aussehen
Trotz der kleineren Unterschiede im Schuppenkleid, haben die vielen Varianten des Karpfens einige gemeinsame Züge. Sie sind immer kräftig und robust gebaut. Das unterständige Maul ist mit vier Barteln versehen, mit denen er den Gewässergrund nach Nahrung abtastet. Die Rückflosse ist sehr lang und die Schwanzflosse breit und kräftig. Die Körper von Wild- und Schuppenkarpfen (die Kulturform des Wildkarpfens) tragen große Schuppen, Lederkarpfen so gut wie keine und Spiegel- sowie Zeilkarpfen nur welche am Rücken beziehungsweise entlang der Seitenlinie. Die Farben variieren, aber braun, gold, oliv und bronze kommen am häufigsten vor. Der Wildkarpfen wächst langsam und wird selten schwerer als zehn Kilo, die Zuchtfische wachsen zu noch schwereren Exemplaren heran. Gewaltige Tiere von 60 Pfund gingen mitteleuropäischen Karpfenspezialisten bereits an die Grundangel. In Südeuropa, wo der jährliche Zuwachs viel größer ist, können die Karpfen ein Gewicht von über 40 Kilo erreichen.

Fortpflanzung
Da der Karpfen ja eigentlich aus dem Süden stammt, ist die Fortpflanzung in Skandinavien und Nordeuropa nicht ganz problemlos. Denn der Karpfen paart sich eigentlich im Frühsommer (Mai bis Juni) und benötigt eine Temperatur von 17-20° C – eine Bedingung, die Gewässer in nördlicheren Regionen nicht immer erfüllen können. Am besten klappt es in flachen Seen, Dämmen, Kanälen und überschwemmten Wiesen, in denen es keine nennenswerte Strömung gibt und die von der Sonne sehr leicht erwärmt werden können. Die Paarung geschieht oft sehr nah am Ufer oder im Schilf und ist eine lautstarke Angelegenheit. Die großen Fische schieben sich durch Wasserpflanzen und Schilf, springen aus dem Wasser und wälzen sich an der Oberfläche. Sie sollten einmal zu Ihrem See gehen, wenn sich die Karpfen paaren – jedoch nur zum Schauen. Und Sie werden sich wundern, was für große Karpfen in Ihrem See schwimmen.

Nahrung
Karpfen fressen vor allem Kleintiere wie Larven, Wasserinsekten, Schnecken, Muscheln und Krebse. Dazu kommt etwas pflanzliche Kost. Gelegentlich, besonders kurz nach der Paarung, jagen sie auch kleine Fische, Kaulquappen und Molche. Gründelnde Karpfen verraten sich durch Schlammwolken und aufsteigende Gasbläschen. Im Sommer suchen die Karpfen auch oft an der Oberfläche nach Beute. Das könnten Insekten sein oder Samen, die von den umliegenden Bäumen fallen, sowie eigentlich eher für Enten gedachte Brotkrumen.

Tipps

Winter
Das Fliegenfischen auf Karpfen ist eine Sommeraktivität. Da alles mit sehr viel Bewegung verbunden ist und man weitgehend auf aktive, nahrungssuchende Fische angewiesen ist, kann der Fliegenfischer die Winterkarpfen kaum überlisten. Das bedeutet nicht, dass im Winter mit der Fliege überhaupt keine Chancen auf Karpfen bestehen. Es ist jedoch eine wenig Erfolg versprechende und sehr langatmige Angelegenheit. Verwenden Sie Ihre Zeit dann lieber zum Fliegenfischen auf den Hecht, zum Eisfischen, oder Sie setzen sich in einen gemütlichen Sessel vor den Kamin und lesen ein gutes Fliegenfischer-Buch.

Sommer und Herbst
Ende Juni sind die Karpfen in der Regel fertig mit der Paarung und suchen aktiv den ganzen Tag lang nach Futter. Die wärmeliebenden Fische sind am leichtesten auszumachen, wenn

sommerliche Hitze herrscht. Dann lassen sich die Fische gerne die Sonne auf den Buckel scheinen. Denn der Karpfen fühlt sich bei Wassertemperaturen zwischen 16 und 21° C am wohlsten.
Beim Pirschen bestehen die besten Chancen für den Fliegenfischer, da er aktiv das Gewässer absucht. Konnten Sie Karpfen endecken und sich anschleichen, suchen Sie sich einen davon aus und werfen ihn an. Nach meiner Erfahrung ist es schwer, einen vollkommen inaktiven Karpfen zum Biss auf die Fliege zu animieren. Karpfen in Bewegung sind jedoch oft auf Nahrungssuche und daher eher leicht zum Anbeißen zu motivieren. Gründelnde Karpfen werfen Sie genau in die Schlammwolke hinein an und achten genau auf den Punkt, an dem Ihr Vorfach unter der Oberfläche verschwindet. Ein auf das Vorfach montierter Bissanzeiger erleichtert das Erkennen des Bisses. Sie müssen dann sofort reagieren, sonst spuckt der Karpfen die Fliege wieder aus.
Häufig sehen Sie bestimmt Karpfen, die mit mittelmäßiger Geschwindigkeit durchs Wasser schwimmen und in regelmäßigen Abständen Futter vom Grund oder von der Oberfläche nehmen. Hier müssen Sie versuchen, die Bahn des Fisches vorauszusehen und die Fliege so auswerfen, dass sie kurz vor dem Karpfen aufkommt. Vielleicht sehen Sie manchmal weder Fische noch Schlammwolken oder Bläschen. An einigen Tagen ist das einzige Zeichen für Leben im Wasser ein vorsichtiger Wirbel an der Oberfläche oder eine Pflanze, die sich unnatürlich bewegt. Sie müssen alle Ihre Sinne ständig offen halten und aufmerksam beobachten. Fischen Sie über sehr weichem Grund, können Sie eine spezielle Montage ausprobieren, die ein Bekannter von mir entwickelte. Bjarne bindet ein kurzes Stück monofiler Schnur oberhalb der Fliege fest und klemmt ein kleines Schrotblei an dessen Ende. Das Gewicht sinkt auf den Boden und die Fliege steht ein paar Zentimeter über dem Bodenschlamm. Es wird mit einem Bissanzeiger gefischt.
Laue Sommerabende können fantastische Fänge bringen. Man sieht oft, wie die Karpfen mit ihren Rücken die Wasseroberfläche durchschneiden oder die Fische sich an der Oberfläche wälzen. Sie sollten genau dort eine Nymphe anbieten oder sogar eine Trockenfliege anknüpfen. Die Erfolgsaussichten und die Methode ändert sich nicht nennenswert bis August oder September. Erst im Oktober kühlt das Wasser so weit ab, dass die Fangaussichten sinken.

Nehmen Sie Rücksicht
Statt einen Karpfen abzuschlagen, sollten Sie ihn besser fotografieren und ihn zurücksetzen. Denn »normale« Angler entnehmen schon genug Fische. Und ständiger Neubesatz mit anschließendem Herausfangen kann nicht der Sinn des Angelns sein – was nicht bedeutet, gelegentlich nicht doch einen für die Küche passenden Fisch mitzunehmen.

Ausrüstung

Rute
Die Fliegenrute sollte nicht zu leicht sein. Eine Standardrute von 9 bis 10 Fuß Länge in der AFTM-Klasse 7 bis 8 reicht jedoch aus. Leben in Ihrem Gewässer zehn bis 20 Kilo schwere Karpfen, greifen Sie besser zu einer 8er bis 9er Ausrüstung wie beim Hechtfischen.

Rolle
Wie für den Hecht und den Zander – also eine Rolle, die neben der Fliegenleine noch 100 Meter Nachschnur aufnimmt.

Schnur
Karpfen fange ich ausschließlich mit einer schwimmenden Fliegenschnur, da der Köder meist an der Oberfläche und selten tiefer als

einen Meter angeboten wird. Außerdem kann ein Ruck am Übergang zum Vorfach den Biss signalisieren. Ob Sie eine Keulenschnur, einen Schusskopf oder eine doppelt verjüngte Leine nehmen, spielt normalerweise keine Rolle.

Vorfach

Karpfen sind sehr mißtrauische Fische. Darum bereitet uns das Vorfach ein paar Probleme. Denn die Spitze muss im Verhältnis zur Größe der Fische recht dünn sein, etwa 0,18 bis 0,28 mm. Unter 0,22 mm feines Monofil erfordert allerdings einen gefühlvollen Anhieb, zudem unterliegt das Vorfach im Karpfendrill durch Berührungen mit Pflanzen oder Holzresten einem recht hohen Verschleiß. Das erste Problem lässt sich mit einem sogenannten Schockabsorber in Form eines Abschnitts kräftigen Gummibandes lösen, das Sie in das Vorfach einknüpfen.

Zudem muss der Haken zum sicheren Eindringen ins Gewebe sehr scharf sein. Nehmen Sie immer das kräftigste Vorfach, das die Karpfen zulassen – in hindernisreichen Gewässern mindestens 0,25mm.

Karpfenfliegen

Karpfenfliegen unterscheiden sich nicht von den anderen Fliegen für Insekten und Krebse fressende Fische. Meine Lieblinge sind Wooly Worms in verschiedenen Farben. Fliegen mit Palmerhechel besitzen den Vorteil, dass sie im weichen Boden nicht versinken. Buschige Fliegen mit Haarflügeln oder Dubbingkörper eignen sich ebenfalls. Schwebende, voluminöse Fliegen bringen zudem den Vorteil mit, dass es den Bruchteil einer Sekunde länger dauert, bis der Fisch den Irrtum merkt – und Sie können sich mehr Zeit mit dem Anhieb lassen. In stillem Wasser sollten die Fliegen nicht beschwert werden. Sie tauchen trotzdem auf den Boden und die Gefahr, dass sie im Schlamm versinken ist kleiner. Wählen Sie starkdrähtige Haken der Größen 8 bis 12.
Für das Fischen an der Oberfläche sollten Sie ein paar normale Trockenfliegen in die Schachtel packen. Da der Karpfen kein ausgebildeter Insektenspezialist wie vielleicht das Rotauge ist, fällt der Wahl des Musters keine so große Bedeutung zu. Binden Sie die Imitation einer großen Eintagsfliege, einer Schnake oder eines Weißbrotstücks. Sie sollten beobachten und heraus finden, was die Fische in ihrem See fressen. Anm. d. Red.: Auch an der Oberfläche beißen Karpfen auf langsam sinkenden Palmer und besonders willig auf Nymphen.

Bjarne´s Karpfenfliege (Bjarne Bleicken)

Haken:	Tiemco 200 Größe 8-12
Garn:	schwarz
Schwanz:	rotes Marabou
Körper:	limonengrünes Tinselchenille im Palmerstil, grizzlyfarbene
Körperhechel:	Hahnenhechel
Montage:	monofile Schnur unter dem Körpermaterial und mit einem Stück Schrotblei beschwert

Karpfenfliege (Henrik Leth)

Haken:	Partridge Mchaffie MM1B Größe 8-12
Garn:	schwarz
Körper:	Pfauengras, verdrallt
Rippung:	olivfarbenes Dubbing

Die kleine Grüne (Morten Valeur)

Haken:	Tiemco 200 Größe 8-12
Garn:	schwarz
Schwanz:	oranges Kaninchenhaar
Körper:	fluogrüne Wolle
Hechel:	Palmerstil, dunfarbene Hahnenhechel
Montage:	monofile Schnur unter dem Körpermaterial und mit einem Stück Schrotblei beschwert – siehe Foto

Des Karpfens Unwiderstehliche (Michael Jensen)

Haken:	Kamasan B180 Größe 8-12
Garn:	braun
Schwanz:	weißes Hirschhaar
Körper:	abwechselnd weißes und braunes Hirschhaar zurecht gestutzt
Hechel:	braune und weiße Hahnenhechel

Brassen

Abgebrochene Romanze

Es riecht berauschend nach Sommernacht. Es riecht nach blühenden Hecken. Die Sonne ist gerade hinter den Hügeln verschwunden. Ich genieße eine Tasse Kaffee und die Aussicht auf eine Hand voll Barsche, die neben mir im Gras zwischen Kräutern liegen. Das Jagen der Gestreiften ist für heute Abend beendet, aber die Landschaft hält mich fest.
»Die Familie ist wahrscheinlich sowieso schon im Bett«, denke ich laut und lege mich wieder hin. Weiße Nebelwolken ziehen durch das Schilf. Ein Kuckuck versucht lautstark eine Nachtigall zu übertönen. Aber trotzdem zweifle ich nicht einen Moment. Schmatzende Geräusche sind am Ufer zu hören.
Ein Köcherfliegenschlupf ist in vollem Gange und daher kommt auch der Essenslärm. Ich werfe eine große braune Sedge auf das Wasser. Die Fische jagen um sie herum ohne sie zu nehmen. Neuer Versuch und wieder nichts. Weg mit der Fliege und ran mit einer kleinen goldköpfigen Nymphe. Und dann wieder in das Wasser. Ich hole sie wieder ein, und da nimmt ein Fisch plötzlich die Fliege, lässt sie dann aber gleich wieder los. Noch einmal – jetzt habe ich den Fisch am Hacken. Er ist schwer. Meine Rute beugt sich tief herunter. Der Fisch zeigt mir seine Breitseite und schüttelt kräftig. Ich drücke dagegen und er wird langsam müde. Ein paar Minuten später ziehe ich ihn an Land. Es ist ein großer Brassen – ein Weibchen voller Laich. Ich kann die Eier sehen.
»Natürlich du Trottel« sage ich zu mir selbst. »Es ist ja Paarungszeit«. Vorsichtig lasse ich die ausgewachsene Madame wieder ins Wasser. Sie schlägt mit dem Schwanz und entfernt sich vom Ufer.
»Entschuldigung« murmle ich aufrichtig.
Ich packe meine Sachen und verschwinde über die Hügel nach Hause. Es gibt einige Dinge bei denen ich selbst auch nicht gerne gestört werden möchte!

✦ ✦ ✦

Brassen

Der Brassen ist der Phlegmatiker des Süßwassers. Alles, was einem im Leben widerfahren kann, ob positiv oder negativ, nimmt er mit einer erstaunlichen Ruhe. Sie benötigen deshalb für den Drill nicht gerade eine Antireverserolle. Jedoch macht ihn seine Größe und die bei der Nahrungssuche angewendete Technik für den Fliegenfischer interessant.

Verbreitung
Der Brassen (*Abramis brama*) ist in fast allen nahrungsreichen Seen und langsamen Wasserläufen zu Hause. Gerne lebt er an Stellen mit kräftiger Vegetation und weichem Grund. Er kommt im größten Teil von Nord-, Mittel- und Südeuropa vor. In Skandinavien ist er in Dänemark, Südschweden und dem südöstlichen Norwegen daheim. Auch im Brackwasser kann man ihn finden, wie im Bottnischen und Finnischen Meerbusen.

Aussehen
Der Brassen besitzt einen charakteristischen hohen Rücken und einen insgesamt schmalen Körper. Die Färbung ist bei jungen Tieren silbern und bei älteren messingfarben. Der Rücken ist dunkeloliv bis schwarz. Sein verhältnismäßig kleines Maul kann der Brassen bei der Nahrungssuche rüsselartig vorstülpen. Bei guten Verhältnissen erreichen die Fische Gewichte von sechs bis acht Kilo. Bei einer zu hohen Bestandsdichte kommt es zur Kleinwüchsigkeit (Verbuttung) und die Fische wiegen selten mehr als 400 Gramm.

Fortpflanzung
Im Mai bis Juni sammeln sich große Schwärme ausgewachsener Brassen und ziehen in die Paarungsregionen. Die Eiablage geschieht in der Regel in flachen, vegetationsreichen Buchten in einer warmen Frühsommernacht. Manchmal mischen sich ein paar Güstern und Rotfedern in die Schwärme und es entstehen Bastarde.

Nahrung
Der Brassen sucht seine Nahrung auf dem Grund. Mit seinem vorgestülpten Maul durchwühlt er den Schlamm und sortiert Essbares heraus. In der Regel sind das Krebse, Larven und Würmer. Besonders Zuckmückenlarven und kleine Schlammwürmer besitzen eine große Bedeutung, die in großer Anzahl in nahrungsreichen Gewässern vorkommen.

Tipps

Winter bis Frühling
Den Winter verbringen die Brassenschwärme in den tieferen Gewässerabschnitten von Seen und Flüssen. Nur in den sehr kalten Perioden stellen sie die Nahrungsaufnahme völlig ein. Das heißt, dass man sie im Winter zwar fangen kann, jedoch müssen Sie sehr tief und langsam fischen. Das erfolgreichste Gerät besteht aus einer sinkenden Schnur und einer kleinen Nymphe oder Nassfliege, die zum Grund sinken muss. Zum Frühling hin kommt mehr Leben in die Fische. Im März und April trifft man oft Schwärme auf Nahrungssuche. Die Paarungszeit steht bevor. In der dänischen Guden Au zeigen die Fische im Frühling einen wahren Heißhunger und beißen selbst auf zehn Zentimeter lange Jigs und Wobbler. Versuchen Sie zu diesem Zeitpunkt einmal Ihr Glück mit einem Streamer.

Sommer und Herbst
Lassen Sie die Fische während der Paarungszeit im Mai und Juni in Ruhe. Kurz danach gehen sie wieder aktiv auf Nahrungssuche. Große Nymphen, eventuell Imitationen von Libellen und Ähnlichem sind ideal. Fischen Sie mit sinkender oder schwimmender Fliegenschnur und einem langen dünnen Vorfach. Nach der Paarung lassen sich die Brassen wieder schwerer finden. Kleine Nymphen, wie Imitationen von Zuckmückenlarven und Eintagsfliegennymphen, fangen jetzt am besten. Sie sollten immer noch am Grund fischen.
Ich bevorzuge jetzt die schwimmende Fliegenschnur, ein langes Vorfach und einen Bissanzeiger mit schweren Fliegen. Montieren Sie eine kleine Goldkopfnymphe oder klemmen Sie ein Schrotblei zehn Zentimeter oberhalb der Fliege ans Vorfach.
Halten Sie Ausschau nach Schlammwolken, die in der Regel von Brassen oder Karpfen verursacht werden. Kleine regelmäßige Vertiefungen im Flachwasser – wie kleine Trichter – zeigen, dass Brassen hier schon einmal auf Nahrungssuche gingen. Und sie folgen häufig bestimmten Routen. Oft stehen sie dicht am Ufer oder an den Kanten von Sandbänken. Wühlen Brassen im flachem Wasser mit dem Kopf im Boden, ragt ihre Schwanzflosse oft aus dem Wasser.
Bis zum Spätherbst kann man mit den Sommertechniken fischen. Im Oktober und November sind die Brassen in der Tagesmitte, also während den wärmsten Stunden, am aktivsten.

Ausrüstung

Rute
Der Brassen gehört nicht gerade zu den gewaltigsten Fischen. Dafür erreichen sie beachtliche Größen und gerade große Strö

mungsbrassen verstehen es, den Wasserdruck auf ihren großen Körper zu nutzen. Darum sollte die Rute stärker sein als beim Rotauge. Eine Rute der Klasse 5 bis 7 passt gut. Die Länge können Sie nach Belieben wählen.

Rolle

Eine zur Rute passende einfache Fliegenrolle mit Platz für 50 Meter Nachschnur plus Fliegenleine.

Schnüre

Da das Fischen auf Brassen weder großer Fliegen noch weiter Würfe bedarf, können Sie eine Keulenschnur oder eine doppelt verjüngte verwenden.

Vorfach

Ein bis eineinhalb Meter für die sinkende und gut drei Meter für die Schwimmschnur. Die Spitze ist 0,18 bis 0,25 mm stark, je nach den zu erwartenden Hindernissen.

Brassenfliegen

Kleine beschwerte Nymphen wie Goldköpfe sind meine Favoriten. Gerne fische ich mit Imitationen von Zuckmückenlarven (engl. Bloodworms) und kleinen Eintagsfliegenlarven. Kleine Wooly Worms fangen ebenfalls gut, und vergessen Sie nicht ein paar Streamer, wie einen kleinen Crazy Charlie oder einen Wooly Bugger mitzunehmen. Packen Sie außerdem ein paar Fliegen ein, die ohne große Hängergefahr über den Boden schleifen können. Eventuell binden Sie das Muser in Upside down-Technik oder versehen es mit einer Palmerhechel. Beides schützt den Haken bis zu einem gewissen Grad vor Hindernissen.

Fred (Morten Valeur)

Haken:	Tiemco 200 Größe 8-12
Garn:	rot
Rippung:	holografischer Goldtinsel
Körper:	rotes Floss
Augen:	Kugelkettenaugen
Kopf:	Pfauengras

Bloodworm (Michael Jensen)

Haken:	Kamasan B160 Größe 8-12
Garn:	rot
Körper:	rotes Floss
Hechel:	grizzlyfarbene Hahnenhechel im Palmerstil
Kopf:	Goldperle

Crazy Charlie Variante (Michael Jensen)

Haken:	Kamasan B175 Größe 6-12
Garn:	rot
Schwanz:	Pearl Flash
Körper:	silberner Glitterbody
Flügel:	weißer Polarfuchs zusammen mit Pearl Flash-Dubbing
Augen:	große Kugelkettenaugen

Kaulquappe (Michael Jensen)

Haken:	Kamasan B160 Größe 8-12
Garn:	schwarz
Schwanz:	schwarzes Kaninchen
Körper:	schwarzes Kaninchendubbing
Kragen:	grüne Paillette

Rotauge, Rotfeder und Hasel

Die verlockende Alternative

»Einen Hecht mit der Fliege fangen, du bist ja total durchgedreht«, Jesper kichert so sehr, dass seine Nasenflügel vibrieren. Für ihn ist der Hecht ein Relikt der Eiszeit und der Gedanke, sein Fliegengerät mit einem so primitiven Biest zu verschmutzen, käme für ihn einem Sakrileg gleich.
»Ja, oder Rotfedern, wenn die Hechte nicht wollen«, sage ich aufmunternd.
»Rotfedern«, das Wort wurde eher ausgehustet als ausgesprochen, »sollen wir wirklich auf diese schleimigen Dinger fischen?«.
»Du trägst sicherlich keinen Schaden davon, wenn du mal deinen Horizont erweiterst«, schloss ich die Diskussion. »Wir treffen uns gleich nach dem Essen.«
Zur vereinbarten Zeit bringen wir die Ausrüstung und den Kaffee an Bord und gleiten auf den spiegelblanken See hinaus. Das Geräusch des Benzinmotors passt so gar nicht zu diesem Sommerabend und es ist schön, ihn am ersten meiner »sicheren« Hechtplätze abschalten zu können.
Jesper bekommt eine kurze Einführung in die Hechttechnik und gute Ratschläge für den Kampf mit großen Fischen. Danach versuche ich, die aussichtsreichsten Hechteinstände ausfindig zu machen.
»Bitte schön, jetzt nur noch raus mit dem Streamer, dann kommen die Hechte wie von selbst«. Ich breite selbstsicher meine Arme aus.
»Nimm eine rotweiße Fliege, der können sie nicht widerstehen«, fahre ich fort und versuche ihn noch etwas anzuheizen.
Jesper macht sich an die Arbeit, erst etwas maulig und dann mit einem Eifer, den ich nicht erwartet hätte. Entweder fruchtet mein gutes Zureden und er interessiert sich wirklich für den Hecht, oder er hasst ihn innerlich, dass er ihn unbedingt erlegen will.
Aber die Räuber wollen einfach nicht beißen.
Wir suchen an allen bekannten Plätzen, die so viel versprechend klingende Namen führen wie: »Hechtspitz«, »Hechtbucht« und »Hechtlazarett«. Trotz verschiedener Fliegen und anderer Kniffe geht rein gar nichts.
»Was ist das für eine kleine Fliege, die da auf deiner Knollennase rumkriecht?«, fragt Jesper plötzlich.
»Caenis, glaube ich«, und versuche zu schielen, um das eben genannte Anhängsel auf meiner Nase zu bewundern.
»Wie heißt das auf deutsch?«
»Sie trägt keinen Namen. Sie sind zu klein, als dass jemand Lust hatte, ihnen einen Namen zu geben. Das ist unsere kleinste Eintagsfliegenart, und in wenigen Minuten haben wir sie am ganzen Körper«, erkläre ich.
Jesper ist beruhigt. Sie stechen wenigstens nicht.
»Fressen die Fische sie?«, fragt mein jetzt wissensdurstiger Freund.
»Ja, auf jedem Fall, besonders die Rotfedern ... und da es geht los«, ich deute auf ein paar Ringe an der Wasseroberfläche in der Nähe des Ufers.
Wir rüsten unsere Fliegenruten mit sehr dünnen Vorfächern aus und ich binde eine fast unsichtbare Eintagsfliegen-Imitation an. Mit einem eleganten Wurf platziere ich die kleine Trockenfliege genau im ersten Schwarm Rotfedern.
»Sieh dir das an, das nenne ich einen präzisen Wurf«, schießt es aus mir heraus. Mein Selbstbewusstsein ist wieder fast so groß wie vorhin.
Die Rotfedern saugen die Insekten links und rechts von meinem Kunstwerk ein, ohne es eines Blickes zu würdigen. Ich versuche es noch mal und noch mal und noch mal.
»Kann man es nicht mit einer größeren Fliege versuchen?«, fragt Jesper.
»Nein, das bringt dir nichts«, antworte ich nonchalant.

»Ich versuche die hier trotzdem mal«, sagt er und bindet eine Nymphe Größe 12 an das Vorfach. Als Meerforellenfischer hat er ein Problem damit, die kleinen Fliegen zu akzeptieren.
»Unsinn«, diesen Gedanken kann ich gerade noch beenden, bevor er den ersten Fisch des Abends am Haken hat.
Er holt die erste Rotfeder mit der Rolle ein, wie ein kleiner Junge, der mit einem Kran spielt.
Er amüsiert sich im Stillen, da er den »Experten« übertrumpft hat.
»Das klappt doch super«, sagt er und wir betrachten den kleinen silbernen Fisch mit den schönen Schuppen und den leuchtend roten Flossen.
»Anfängerglück«, sage ich sarkastisch, »er hat wahrscheinlich gerade aus Langeweile gegähnt, als deine Fliege vorbei kam«.
»Vielleicht«, grinst Jesper.
Zwei Würfe und zweimal Anfängerglück später steht meine Niederlage jedoch fest.
»Hast du ehmmm... «, die Worte bleiben mir im Hals stecken.
»Was?«, fragt Jesper. Er weiß genau, was ich fragen will.
»Ja, hast du mehr von diesen großen Fliegen«, frage ich niedergeschlagen.
»Klar, bedienen Sie sich selbst«, ruft er und gibt mir seine Fliegendose, als wäre er ein Diener, der einen guten Jahrgangswein kredenzt. Ich montiere eine der Nymphen und bald ziehen wir beide Rotfedern ins Boot.
Als der erste Fangrausch vorbei ist, werfen wir gezielt die größeren Fische an. Ich betrachte meinen Freund, der jetzt wie besessen fischt. Er ist ganz weg und es gibt nur noch ihn, die Fliegenrute und die Rotfedern. Der Zauber verschwindet als ein Blässhuhn schnatternd über sein Vorfach schwimmt.
»Kannst du mal sehen, dass du weg kommst, du dämlicher Vogel«, schreit Jesper über den See. Ich kippe fast aus den Schuhen vor Lachen, während der Vogel panisch das Weite sucht. Jesper grinst verlegen.
»Ganz ruhig Jesper, das war doch bloß ein Vogel, schon vergessen?«, necke ich ihn.
Als wir uns in der Dämmerung auf den Heimweg machen, ist Jesper ganz ruhig und in Gedanken vertieft. Es gibt also auch anderes im Leben außer Meerforellen und Mörrumlachse.
»Vielleicht sollten wir das mit den Hechten ein anderes Mal noch einmal versuchen«, murmelt er.
»Klar,« grinse ich, »nichts lieber als das...«

✦ ✦ ✦

Rotauge, Rotfeder und Hasel

Egal wo Sie wohnen – Sie verfügen sicher über einen See oder Fluss mit Rotaugen in Ihrer Reichweite. In den meisten Gewässern kommen sie recht zahlreich vor und nehmen meist willig die Fliege. Versuchen Sie sich einen Sommerabend frei zu halten und machen Sie sich mit einer leichten Fliegenrute und ein paar kleinen Nymphen und Trockenfliegen auf den Weg.

Biologie
Das Rotauge (*Rutilus rutulis*) ist in fast ganz Europa beheimatet. Die Ausnahme bildet der Norden Skandinaviens.
Das Rotauge besitzt einen silbern glänzenden Körper sowie Augen mit roter Iris. Alle Flossen sind rötlich gefärbt, der Rücken zeigt sich dunkel blaugrau. Der Fisch erreicht selten

Längen über ein Kilo und wird maximal etwa 40 Zentimeter lang und wiegt dann knapp zwei Kilo.
Das Rotauge findet man in fast allen stehenden und fließenden Gewässern bis hoch zur Äschenregion. Selbst im Brackwasser kommt es vor. Die Laichzeit reicht von April bis Mai, die Eiablage erfolgt an Pflanzen und Wurzeln in Ufernähe.
Die Nahrung der Rotaugen besteht aus Kleinkrebsen, Schnecken und Insektenlarven. Weiter fressen sie Algen, die sie von Steinen und Unterwasserpflanzen »abgrasen«. Im Brackwasser besteht die Nahrung aus Mückenlarven, Krebsen und Wasserflöhen.

Die Rotfeder (*Scardinius erythophthalmus*) lebt in fast ganz Europa von Griechenland bis Irland über Mittelschweden und Südfinnland bis zum Ural. Auf der Iberischen Halbinsel fehlt sie völlig. Die Färbung der Rotfeder reicht von gold bis bronze. Die Iris der Augen ist gold/geblich mit etwas Rot im oberen Bereich gefärbt. Oft strahlend rot leuchten die Flossen. Das oberständige Maul eignet sich bestens zum Fressen an der Oberfläche.
Die Rotfeder kann bei guten Verhältnissen ein Gewicht von 1,5 Kilo erreichen, in Ausnahmefällen sogar bis zu 2 Kilo schwer und 45 Zentimeter lang werden.
Sie bevorzugt flache vegetationsreiche Kanäle, die Ufer großer Seen und die Brassenregion der Flüsse. Sie laicht im April bis Juni an den vegetationsreichen Stellen in Ufernähe.

Sie nimmt die gleiche Nahrung wie das Rotauge zu sich, aber gerade im Alter ist sie auf die pflanzliche vitaminreiche Kost angewiesen. Daher gibt es in vegetationsreichen Seen oft sehr viele Rotfedern.
Wirklich große Rotfedern findet man oft in Hechtgewässern. Die Hechte halten den Rotfedernachwuchs in Grenzen und so herrschen optimale Bedingungen für die erwachsenen Fische.

Der Hasel (*Leuciscus leuciscus*) lebt hauptsächlich in schneller strömenden Flüssen von der Äschen- bis zur Barbenregion. Allerdings kommt er seltener selbst in der Brassenregion sowie im Brackwasser vor. In Mitteleuropa wurden die Bestände durch die steigende Gewässerverschmutzung stark dezimiert, jedoch verbessert sich die Situation zusehends. Insge-

samt reicht sein Verbreitungsgebiet von den Pyrenäen bis ins südliche Irland, von Schweden und Finnland bis weit nach Russland hinein.
Im Unterschied zum Rotauge ist der Hasel deutlich schlanker und besitzt leicht bronzefarbene Flanken. Bei einer Länge bis etwa 31 Zentimeter erreicht der Hasel ein Maximalgewicht von rund 300 Gramm. Er laicht von April bis Mai auf dem Kiesgrund fließender Gewässer.
Der ausgeprägte Insektenfresser sammelt seine Nahrung vor allem im Sommer und Herbst überwiegend an der Oberfläche. Bis tief in den Winter hinein kann man ihn dort steigen und nach Insekten jagen sehen.

Tipps

Sommer und Herbst
Die Hochsaison für das Fliegenfischen auf **Rotaugen** liegt im Sommer. Kurz nach dem Laichen sind die Fische hungrig und nehmen sogar Streamer. Später im Sommer kommen sie in Top-Form und lassen sich dann zwar schwerer aber auch spannender an den Haken locken. Das Rotauge sucht seine Nahrung auf dem Grund, und besonders am Tage sind kleine beschwerte Nymphen am effektivsten. Fischen Sie mit dünnen Vorfachspitzen von 0,12 bis 0,15 mm Stärke und montieren Sie eventuell einen kleinen Bissanzeiger an das Vorfach. Beim kleinsten Anzeichen eines Bisses müssen Sie blitzschnell aber beherrscht anschlagen. Gerade der Anhieb ist am schwersten zu erlernen, wenn man vorher nur auf Forellen gefischt hat. Denn das Rotauge spuckt die Fliege wesentlich schneller wieder aus, als die skeptischste Forelle. An warmen Abenden steigt das Rotauge gerne an die Oberfläche, besonders wenn Mücken und Eintagsfliegen schlüpfen. Sind das kleine Eintagsfliegen der Gattung Caenis, drehen die Rotaugen völlig durch – und in der Regel endet es damit, dass das Gleiche auch mit dem Fliegenfischer passiert. Decken die kleinen Eintagsfliegen das Wasser wie einen Teppich ab, ist das Fischen mit genauen Imitationen sinnlos. Versuchen Sie jetzt besser eine große Nymphe.

Der Spätsommer ist der perfekte Zeitpunkt zum Fliegenfischen auf die **Rotfeder**. Sie liebt die Wärme und nimmt bevorzugt Nahrung von der Oberfläche, weshalb das Trockenfischen gute Erfolge verspricht. Sehr gute Stellen liegen dabei im Bereich von See- oder Teichrosenfeldern sowie anderen Wasserpflanzen. Steht die Sonne am Mittag am höchsten, kann man die Rotfedern dabei beobachten und belauschen, wie sie sich Beute von der Oberfläche holen. Versuchen Sie es mit ein Mücken- oder Eintagsfliegen-Imitationen. An dunklen Tagen ziehen sich Rotfedern ins tiefere Wasser zurück und der Angler sollte sein Glück mit Nymphe und Bissanzeiger versuchen. Die wirklich großen Rotfedern findet man nur direkt am Grund.

Der **Hasel** ist viel aktiver in der kalten Zeit, als die beiden anderen Arten. Trotzdem ist sein Fang in der warmen Jahreszeit spannender. Auf Grund seiner geringen Größe ist er ein Fisch für die ganz leichte Ausrüstung unter Schnurklasse 4 abwärts. Der Fisch steigt sehr schnell auf Trockenfliegen und nimmt sie gerne. Aber seien Sie auf der Hut. Denn er besitzt das schnellste Mundwerk der nördlichen Halbkugel. Nur wenn Sie schnell genug sind, fasst der Haken.

Ausrüstung

Rute
Das Fischen nach Rotfeder, Rotauge und Hasel bereitet ohne Frage mit einer sehr leichten

Fliegenrute am meisten Freude. Ruten von 5 bis 7 Fuß in der Schnurklasse 2 bis 4 sind meine erste Wahl.

Rollen

Eine kleine Rolle mit der notwendigen Kapazität (Anm. d. Red.: 50 Meter Nachschnur sollten mindestens auf der Spule liegen, da vor allem beim Fischen auf Rotaugen und Rotfedern durchaus ein Karpfen für helle Aufregung sorgen kann).

Schnur

Sie kommen in eigentlich allen Situationen mit einer Schwimmschnur aus. Wenn Sie in tieferen Gewässern fischen, benutzen Sie ein langes dünnes Vorfach und eine beschwerte Fliege – eventuell mit einem dicht an der Fliegenschnur montierten Bissanzeiger.

Vorfach

Nehmen Sie ein leichtes Vorfach mit etwa anderthalbfacher Rutenlänge, je nach Bedingungen. Das Fischen am Grund tiefer Gewässer verlangt nach einem besonders langen Vorfach. Die Spitze muss dünn sein, zwischen 0,12 bis 0,16 mm ist in jedem Fall ausreichend.

Fliegen

Alle kleinen Trockenfliegen und Nymphen können Rotaugen, Rotfedern und Hasel fangen. Mit einer kleinen Auswahl von Imitationen der am befischten Gewässer lebenden Insekten sind Sie gut gerüstet. Meist sind es Eintagsfliegen, manchmal auch verirrte Landinsekten und immer Mücken. Versuchen Sie ein paar kleine Goldkopfnymphen in der Tiefe. Die Hakengröße bewegt sich zwischen 10 und 20.

Elk Hair Caddis Variante (Morten Valeur)

Haken:	Tiemco 103BL Größe 11-17
Garn:	tan
Körper:	Opossum Dubbing
Flügel:	Elchhaar

Swimming Damsel (Michael Jensen)

Haken:	Kamasan B160 Größe 8-10
Garn:	gelb
Schwanz:	gelbes Grizzly Marabou (kurz)
Rippung:	limonenfarbenes Tinsel
Körper:	grünes Dubbing
Kragen:	silberne Paillette
Kopf:	Goldperle

Buzzer Larvae (Morten Valeur)

Haken:	Tiemco 200 Größe 12-16
Garn:	rot
Rippung:	gelber oder goldener Draht
Körper:	roter Bindedraht (Tinsel)
Brust:	Pfauengras

Mückenpuppe (Morten Valeur)

Haken:	Tiemco 900BL Größe 12-16
Garn:	tan
Schwanz:	weiße Federfibern aus der Schwungfeder
Körper:	olives und gingerfarbenes Kaninchen-Dubbing
Auftriebs-körper:	weißes Schaumplastik

Aland

Aland (Nerfling/Orfe)

Der Aland ist ein Vagabund. Nur wenn die Umstände ihn zwingen, bleibt er in einem See- oder Flussbereich. Ansonsten ist er immer auf Wanderung und nicht immer leicht an den Haken zu bekommen. Wenn er dann aber auftaucht, ist er schwer zu übersehen. Der große Fisch zieht in Schwärmen an der Wasseroberfläche. Viele Schriftsteller der Angelliteratur haben sich von diesem wandernden Riesen inspirieren lassen und damit wurde er auch ein Fisch für die »Sesselfischer«. Svend Saabye erzählt in dem Klassiker »Anglerleben« von einem Aland, der alle seine Künste auf die Probe stellte und dann endlich auf ein Stück Käse anbiss. Er schreibt: »Der Aland ist so scheu und unannahbar, so schwer an den Haken zu bekommen, dass es wirklich ein Sport ist. Die beste Zeit ist gekommen, wenn das Gras der Sense des Bauers zum Opfer fällt und der Duft von frischem Heu den Fischer auf dem Nachhauseweg begleitet.« Auch Juhani Aho schrieb in seinem Buch, »Kleine Fische, große Fische« ein Kapitel über den »Geheimnisvollen Aland«. In einer wunderbar warmen Schilderung seiner Faszination für den Aland erklärte er: »Ja, der Aland – er ist der geheimnisvollste Fisch, den ich je gefangen habe. Der Fisch, der von einem sportlichen Gesichtspunkt aus mehr wert ist als alle anderen. Die größten Erlebnisse, die stärksten Gefühle vermittelt natürlich der König der Fische, der Lachs, und sein Halbbruder, die Forelle. Aber bevor ich das Vergnügen mit so hoher Gesellschaft hatte (was erst vor ein paar Jahrzehnten geschah) war es der Aland, der mir die schönsten Erlebnisse bereitete. Auch heute noch lasse ich gerne alle anderen Fische im Stich, wenn ich dafür einen Aland fangen kann.«

Verbreitung

Der Aland (*Leuciscus idus*) lebt in einem breiten Gürtel der nördlichen Halbkugel. Im Süden liegt die Grenze bei den Alpen und den Pyrenäen, im Norden am Polarkreis. In Dänemark findet man ihn auf Fünen, Seeland, im südwestlichen Jütland und auf Bornholm. In Norwegen fehlt er auf der westlichen Seite. In Deutschland kommt er überall vor, vor allem in den großen Flüssen und ihren Zuläufen. Der Aland lebt in Seen, in stärker strömenden Flüssen sowie im Brackwasser der Ostsee.

Aussehen

Der Aland ist ein typischer Repräsentant der Karpfenfische. Der Körper ist seitlich abgeflacht und besonders die älteren Exemplare besitzen einen sehr hohen Rücken. Die Seiten präsentieren sich leicht golden schimmernd, der Rücken braunoliv bis blaugrau und die Brust silberweiß. Der Aland kann bis zu vier Kilo wiegen, normal sind jedoch ein bis zwei Kilo.

Fortpflanzung

Der Aland laicht im Frühsommer, jedoch beginnt er bereits im März bis April mit der Laichwanderung. Die Bestände im Brackwasser und in den Seen ziehen in die näheren Wasserläufe. Das Laichen geschieht meistens über sandigem oder steinigem Grund, in der Regel in seichtem Wasser.

Nahrung

Der Aland hat eine vielseitige Speisekarte. Junge Exemplare leben von Plankton und Kleinstinsekten. Mit zunehmender Größe ernähren sie sich mehr und mehr von Insektenlarven, kleinen Krebsen und Würmern. Im Brackwasser sind es Wasserflöhe, kleine Muscheln und Schnecken. Große Alande entwickeln sich zu Raubfischen und stellen kleinen Fischen und Fröschen nach. In der Sommerzeit nehmen sie gerne Insekten von der Oberfläche, besonders Eintagsfliegen sowie abends und nachts Köcherfliegen.

Tipps

Frühling

Der Aland hält sich in mittleren Tiefen auf. Im Fluss kann man ihn mit farbenprächtigen Streamern fangen und viele gehen auf die für Forellen gedachte Fliege. In kaltem Wasser sind Alande jedoch meist träge und selten zum Anbiss zu verführen.

Sommer und Spätsommer

Nach dem Laichgeschäft nehmen Alande fast alles, was sich auf und gerade unter der Was-

seroberfläche befindet. Selbst tief über Grund geführte Fliegen fangen. Oft stehen die Fische noch nahe ihren Laichplätzen und fressen sich dick und rund. Befischen Sie ihn genauso, wie Sie eine scheue Bachforelle angehen würden. Dünne Vorfächer, gut platzierte Trockenfliegen und Nymphen bilden tagsüber eine gute Basis. In der Dämmerung verlieren die Alande einen Teil ihrer Scheu und nehmen nachts auch große Streamer. Sie finden die Fische oft in Schwärmen dicht unter der Oberfläche, und unter überhängenden Ästen, an Sandbänken, unterspülten Ufern und an Strömungskanten lauern sie auf alles, was vorbei schwimmt. Das soll jedoch nicht heißen, dass sie alles nehmen. Es gibt Tage, da nehmen sie alles und am nächsten Tag erscheint ihr Maul wie versiegelt. Glück gehört also dazu und wenn Sie den richtigen Tag erwischen, können Sie erlebnisreiche Stunden mit dem Aland verbringen. In Küstennähe zieht er im Sommer ins Brackwasser. Hier können Sie mit kleinen Nymphen, kleinen Garnelenfliegen und Tangläufern fangen. Führen Sie die Fliegen mit kurzen ruckartigen Bewegungen unter der Oberfläche und legen Sie sich ein paar Trockenfliegen für das Fischen am Abend zurecht.

Ausrüstung

Rute

Nehmen Sie eine leichte Fliegenrute in der Schnurklasse 5-6 für das Trockenfliegenfischen auf den Aland. Wenn Sie nachts große Fische mit einem Streamer fangen wollen, können Sie ruhig auf die Schnurklassen 7-8 gehen.

Rolle

Als Rolle genügt ein Modell, das die Fliegenschnur sowie 50 bis100 Meter Backing aufnimmt. Fischen Sie im Brackwasser, sollten Sie ein salzwasserbeständiges Modell wählen.

Schnur

Eine schwimmende Keulenschnur oder doppelt verjüngte kommt mit allen Situationen zurecht. Jedoch empfiehlt sich bei stärkerem Wind wie immer eine WF.

Vorfach

Ich verwende gerne etwa drei bis vier Meter lange Vorfächer mit Spitzenstärken um 0,18 mm Monofil. Für das Fischen mit dem Streamer sind 0,20 bis 0,25 mm empfehlenswert.

Fliegen

Mit ein paar Nymphen und Trockenfliegen vom Forellenfischen sind Sie für den Aland gut gerüstet. Binden Sie Nymphen mit flauschigem Dubbingkörper. Dazu ein paar Nassfliegen für die Küste und einige Fischchenstreamer für die Jagd auf die großen Alande.

Black Larvae (Morten Valeur)

Haken:	Tiemco 2457 Größe 8-12
Garn:	schwarz
Körper:	grünes Pfauengras, davor schwarzes Kaninchen-Dubbing
Hechel:	schwarze Hennenhechel
Kopf:	Goldperle

Light Cahill Variant (Michael Jensen)

Haken:	Kamasan B440 Größe 10-14
Garn:	tan
Schwanz:	ingwerfarbene Hahnenhechel-Fibern
Körper:	Opossum Dubbing mit ein wenig rotem Polardub gemischt
Flügel:	gelbe Woodduck-Feder
Hechel:	ingwerfarbene Hahnenhechel

Green Caddis Larvae (Michael Jensen)

Haken:	Kamasan B420 Größe 8-12
Garn:	rostbraun
Körper:	grünes Polar-Dubbing
Thorax:	schwarzes Polar-Dubbing

Opossum Flymph (Morten Valeur)

Haken:	Kamasan B175 Größe 10-16
Garn:	bordeauxfarbene Seide
Körper:	Unterwolle in Dubbingschlaufe verzwirnt
Hechel:	Halsfeder von der Fasanenhenne

Blaufelchen

Heldentat

Das Auto rumpelt über den kurvenreichen Schotterweg. Ein Hase gerät in den Lichtkegel der Scheinwerfer und hoppelt schnell in den Wald. In meinem Kopf summt es, die Müdigkeit ist dabei, die Überhand zu gewinnen.
»Gleich sind wir da«, sagt John irritierend munter.
Ich grunze eine nicht zu identifizierende Antwort und richte mich etwas im Autositz auf. Mein gut gelaunter Freund schwingt das Auto auf den Parkplatz vor der Hütte und reißt die Tür auf, so dass die nächtliche Kälte in das Auto strömt. Er meint wohl, ich könnte ein wenig frische Luft vertragen.
»Lass uns die Wathosen anziehen und anfangen« sagt er, »Die Mücken sind schon da«.
Ich öffne die Tür und zeige der Nacht mein morgenmuffeliges Gesicht. In der Luft über uns hört man das Summen von Millionen Mücken.
»Zum Glück können diese Biester nicht stechen«, murmle ich und suche nach den Wathosen, der Angelausrüstung und vor allem nach der Kaffeekanne. Wir setzen uns auf ein altes Holzboot, das mit dem Bug nach oben am Strand liegt. Ich schenke uns Kaffee ein. Die schwarzen Tropfen wirken Wunder, aber ich werde mich nie daran gewöhnen, mitten in der Nacht aufzustehen – egal aus welchem Grund. Wenn John mich nicht mitgeschleppt hätte, würde ich noch in meinem warmen Bett liegen.
»Das wird toll heute, das Wetter ist super«, sagt mein Kumpel aufmunternd.
»Ja, und die Vögel machen einen unbarmherzigen Lärm«.
Er sieht auf seine Uhr. »Es ist jetzt halb vier«.
»Hast du heute nur schlechte Nachrichten?«, brumme ich.
»Nein«, lacht er, »die Felchen sind schon wach«.
Ich drehe mich um. Da draußen, knapp zehn Meter vom Ufer entfernt können wir die dunklen Schatten erahnen, die an der Oberfläche auf Mücken steigen. Ich nehme noch eine Tasse Kaffee und lasse meinen Blick über den See gleiten. Im Osten leuchtet der Himmel leicht rosa. Darüber ist der Nachthimmel blau. Der über dem Wasser liegende Nebel wird von beiden Quellen angestrahlt und erscheint fast violett. Plötzlich fällt mir auf, was diese Morgenfahrten eigentlich für eine Schönheit offenbaren und meine Laune wird immer besser.
Wir waten hinein in das flache, warme Wasser. Der See liegt spiegelblank vor uns. Einen Augenblick überlege ich, ob ich die Fliege wirklich auswerfen und damit dieses schöne Postkartenbild zerstöre.
Eine kleine Gruppe Felchen rollt sich an der Oberfläche und zwar einladend nahe. Ich nutze diese Chance. Meine Fliegenschnur legt sich schön auf die Oberfläche und ich versuche, meine Trockenfliege zwischen etwa 50 Mücken zu finden.
Eine der Mücken wackelt merkwürdig mit den Flügeln, das ist sie bestimmt. Ich fixiere sie mit meinem Blick. Aus dem Augenwinkel sehe ich die Fische kommen. Sie rollen sich an der Oberfläche und nach jedem Meter nehmen sie ein Insekt. Mein schläfriges Gehirn versucht zu berechnen, wann sie meine Fliege erreicht haben. Schon erscheint ein Kopf und schluckt die Mücke mit den komischen Flügeln. Jetzt ganz ruhig, denn vor dem Anhieb muss der Fisch mit dem Kopf wieder tauchen. Der Blaufelchen schwimmt weiter und saugt weitere Fliegen ein. Mein Anhieb geht ins Leere und enthüllt, dass ich die falsche Mücke beobachtet hatte.
Doch gleich nach dem nächsten Wurf verschwindet die Fliege mit dem wunderbaren Schlürfen, das jeder Blaufelchenfischer liebt. Ich mache alles richtig und der Fisch windet sich an der Oberfläche.

»Hast du ihn?«, fragt John, der dann jedoch selbst einen Biss erhält. Mein Fisch springt ein paar Mal, bevor das Netz sich um ihn schließt. Ich wate mit der Beute an Land, während John noch mit seinem Fisch kämpft. Der Morgen geht aufregend weiter. Die Verhältnisse sind perfekt. Da sind so viele Mücken, dass sie die Fische aus der Tiefe locken. Allerdings verschwinden unsere Fliegen gleichzeitig zwischen den natürlichen, trotzdem setzen wir immer wieder erfolgreich den Anhieb. Wir setzen die meisten zurück und behalten nur ein paar für den Räucherofen. Als die Sonne am Horizont erscheint, ist das große Steigen vorbei. Wir setzen uns ans Ufer und beobachten die Schwalben, die jetzt über uns im ersten Sonnenlicht nach Mücken jagen. Die Sonnenstrahlen glänzen im Morgentau, und der Tag ist fast jungfräulich.
»Weißt du was John, es sollte ein Menschenrecht geben, das jedem das Recht gibt, einen solchen Morgen zu sehen. Ich glaube, davon wird man ein besserer Mensch«, sage ich nachdenklich.
»Ja«, sagt John nickend und kratzt sich am Bart. »Aber die meisten Idioten sind um diese Zeit des Tages fast unmöglich aus dem Bett zu locken.«

✦ ✦ ✦

Blaufelchen

Der (nicht »das«!) Blaufelchen, ist ein ideales Schuppenwild für die Fliegenfischerei.Trotzdem wird er von den meisten Fliegenfischern übersehen. Konnte ein Angler jedoch einmal einen Morgen wie den oben geschilderten erleben, erfasst ihn das Felchenfieber unweigerlich.

Verbreitung und Arten
Das Geschlecht der *Coregonen* bereitet den Biologen eine Menge Kopfzerbrechen. Denn die Felchen (Renken, Maränen) bilden oft geografisch getrennte Stämme. Dabei lässt sich schwer feststellen, ob sich ein solcher Stamm so weit von der Stammart entfernte, dass er eine neue Art oder nur einen örtlichen Stamm bildet. Über all diese Spekulationen müssen wir Angler uns keine Sorgen machen. Wir können einfach den Schluss ziehen, dass der Blaufelchen (*Coregonus lavaretus*) als großer Vertreter der Renken fast auf der gesamten nördlichen Halbkugel vorkommt – in welcher Form auch immer. Im deutschsprachigen Raum findet er sich vor allem in den Voralpenseen.

Aussehen
Der Blaufelchen ist ein schlanker, silberner Fisch, dessen Fettflosse seine Verwandtschaft mit den Salmoniden belegt. Ansonsten ähnelt er eher einem Friedfisch. Der Felchen besitzt einen charakteristisch tief gefurchten Schwanz und ein kleines, unterständiges Maul. Der Rücken ist blauschwarz, der Bauch weiß.
Das Wachstum ist von Stamm zu Stamm verschieden, unter guten Verhältnissen können sie allerdings bis zu zehn Kilo erreichen.
Die meisten Unterarten werden aber nur ein bis vier Kilo schwer. Blaufelchenbestände können unter schlechten Verhältnissen verbutten.

Fortpflanzung
Wie die meisten Lachsartigen laicht der Blaufelchen im Winter. Die Eiablage beginnt, wenn die Temperatur auf etwa 7° C gesunken ist. Normalerweise ist es im Oktober bis Dezember so weit. Einige Stämme laichen jedoch erst im Frühling. Die Bestände aus den Seen und dem Brackwasser ziehen in die Wasserläufe, sollte die Möglichkeit dazu bestehen.

Nahrung
Grob gesehen lässt sich der Blaufelchen aufgrund der Nahrung in zwei Gruppen einteilen: Die einen leben hauptsächlich von Plankton in den freien Wasserschichten, die anderen (Grundfelchen) halten sich fast das ganze Jahr über am Gewässergrund auf. So merkwürdig es sich auch anhört – wir kommen am besten an die Grundfelchen, auch mit der Trockenfliege. Ihre Nahrung besteht zum größten Teil aus Insektenlarven, vor allem aus Zuckmücken und am Grund lebenden Würmern und kleinen Krebsen. Im Sommer und Frühling steigen sie während des Insektenschlupfs auch gerne an die Oberfläche.

Tipps

Winter
Im Winter auf Felchen zu angeln bringt wenig. Denn die Fische nehmen zwar Nahrung wie kleine Larven und Würmer vom Grund, weshalb sie sich kaum an der Oberfläche blicken lassen.

Frühling und Sommer
Die vielen im Frühling schlüpfenden Insekten locken die Blaufelchen wieder an die Oberfläche und bescheren uns damit die Möglichkeit zum Trocken- und Nymphenfischen. Egal ob Eintagsfliegen oder Zuckmücken schlüpfen, Hauptsache es sind viele. Denn erst jetzt steigen Blaufelchen auf. Den Höhepunkt des Jahres bildet der Zuckmückenschlupf im Mai und Juni. Aber besten fischt man früh am Morgen oder spätabends. Theoretisch gesehen könnten Sie die ganze Nacht fischen, jedoch lassen sich Trockenfliegen auf dem Wasser fast unmöglich erkennen. Einzige Lösung sind hier die knetbaren nachleuchtenden Bissanzeiger, die man vorher mit einer Taschenlampe anstrahlt.
Das Fischen am Morgen ist in der Regel am besten. Denn schlüpften am Vorabend viele Mücken, bleiben die meisten von ihnen über Nacht auf der Wasseroberfläche. Besonders in einer kalten Nacht können die Mücken nur schwer abheben. Dann sind sie eine leichte Beute für den Blaufelchen. Mit einer leichten Fliegenrute und einer schwimmenden Fliegenschnur können Sie sich am Fest beteiligen.
Die Trockenfliegen sollten am besten naturnahe Imitationen der Insekten auf dem Wasser bilden. Schlüpfen verschiedene Arten, wählen die Blaufelchen in aller Regel die größten.
Wesentlich unterscheidet sich das Fischen in stehenden Gewässern und in der Strömung, wo die Fische nie an einem Platz stehen bleiben. Sie sind die ganze Zeit in Bewegung. Sie »jagen« über lange Strecken, ziehen flussauf und -ab oder patrouillieren in kleinen Kreisen und nehmen immer wieder Insekten von der Oberfläche. Die Kunst besteht darin, die Bahn des Fisches vorauszusehen und zu berechnen, wo er als nächstes zur Oberfläche steigt. Platzieren Sie Ihre Trockenfliege gut ein bis zwei

Meter vor den ziehenden Fisch. Biegt er vorher ab, erfolgt ein neuer Wurf. Aufgrund des unterständigen Mauls steigen Blaufelchen etwas mit dem Maul über die Fliege und nehmen sie erst richtig beim Abtauchen. Vor dem Anhieb muss der Kopf deshalb wieder vollständig unter Wasser liegen. Da Sie den Fisch beim Biss beobachten, bedarf es jetzt einiger Selbstbeherrschung. Sitzt der Haken, üben Sie keinen zu starken Druck aus. Halten Sie die Rute hoch, damit der Fisch sich nicht ins Vorfach einrollen kann.

Kleine Nymphen, direkt unter der Oberfläche gezupft oder driftend gefischt, bringen ebenfalls gute Resultate. Im zweiten Fall empfiehlt sich ein Bissanzeiger, denn mit ihm erkennen Sie sicherlich doppelt so viele Bisse wie ohne. Einige Fischer benutzen dafür eine zweite, gut gefettete Fliege am kurzen Seitenarm wie einen Springer montiert. Sollten die Bestimmungen an einem Gewässer nur einen Haken zulassen, zwicken Sie einfach den Hakenbogen des Springers ab.

Ausrüstung

Rute

Auf Blaufelchen benötigen Sie kleine Fliegen und ein dünnes Vorfach. Entsprechend leicht sollte die Rute sein. Meist verwende ich 7-8 Fuß lange Modelle in den Schnurklassen 3-5.

Rolle

Eine kleine leichte Rolle mit sensibler Hemmung, passend zum feinen Vorfach, ist eine gute Wahl. Sie sollte die Fliegenschnur sowie etwa 50 Meter Backing aufnehmen.

Schnur

Es kommt nur eine Schwimmschnur in Frage, die Form bleibt dem persönlichen Geschmack überlassen.

Vorfach

Es besitzt etwa Rutenlänge oder ein bisschen mehr. Als Spitzenstärken passen 0,14 bis 0,20 mm Monofil.

Fliegen

Verwenden Sie Trockenfliegen oder Nymphen. Beliebt sind Zuck- und Stechmückenmuster, Eintagsfliegen und kleine Köcherfliegen – diese besonders als Puppe im Oberflächenfilm, wenn sie schlüpfen. Die Hakengrößen bewegen sich bei 10-20. Binden Sie jedoch keine zu großen Muster, da der Blaufelchen ein kleines Maul besitzt.

Slurp (Michael Jensen)

Haken:	Kamasan B401 Größe 12-16
Garn:	braun
Schwanz:	grizzlyfarbene Hahnenhechelfibern, gespreizt eingebunden
Körper:	olives Kaninchen-Dubbing
Flügel:	weißes Polygarn in V-Form eingebunden
Hechel:	grizzlyfarbene Hahnenhechel

Mic's Buzzer (Michael Jensen)

Haken:	Kamasan B440 Größe 12-16
Garn:	oliv
Körper:	vorn braune, hinten olive Dubbingwolle
Flügel:	weißes Organza
Hechel:	olive Hahnenhechel horizontal eingebunden

Tanzende Mücke (Henrik »Helt« Pedersen)

Haken:	Kamasan B401 Größe 10-12
Garn:	braun
Schwanz:	Blue Dun-Hahnenhechelfibern gekreuzt eingebunden über ein wenig Dubbing
Körper:	olives und braunes Kaninchen-Dubbing gemischt
Flügel:	gestutzte Hechelspitzen in blue dun
Hechel:	Blue Dun-Hahnenhechel

Helt Puppe (Michael Jensen)

Haken:	Kamasan B170 Größe 10-14
Garn:	weinrot
Schwanz:	dunkelrote Fasanenschwanz-Fibern
Körper:	Fasanenschwanz-Fibern
Kopf:	durchsichtige, orange Plastikperle

Salzwasserfische

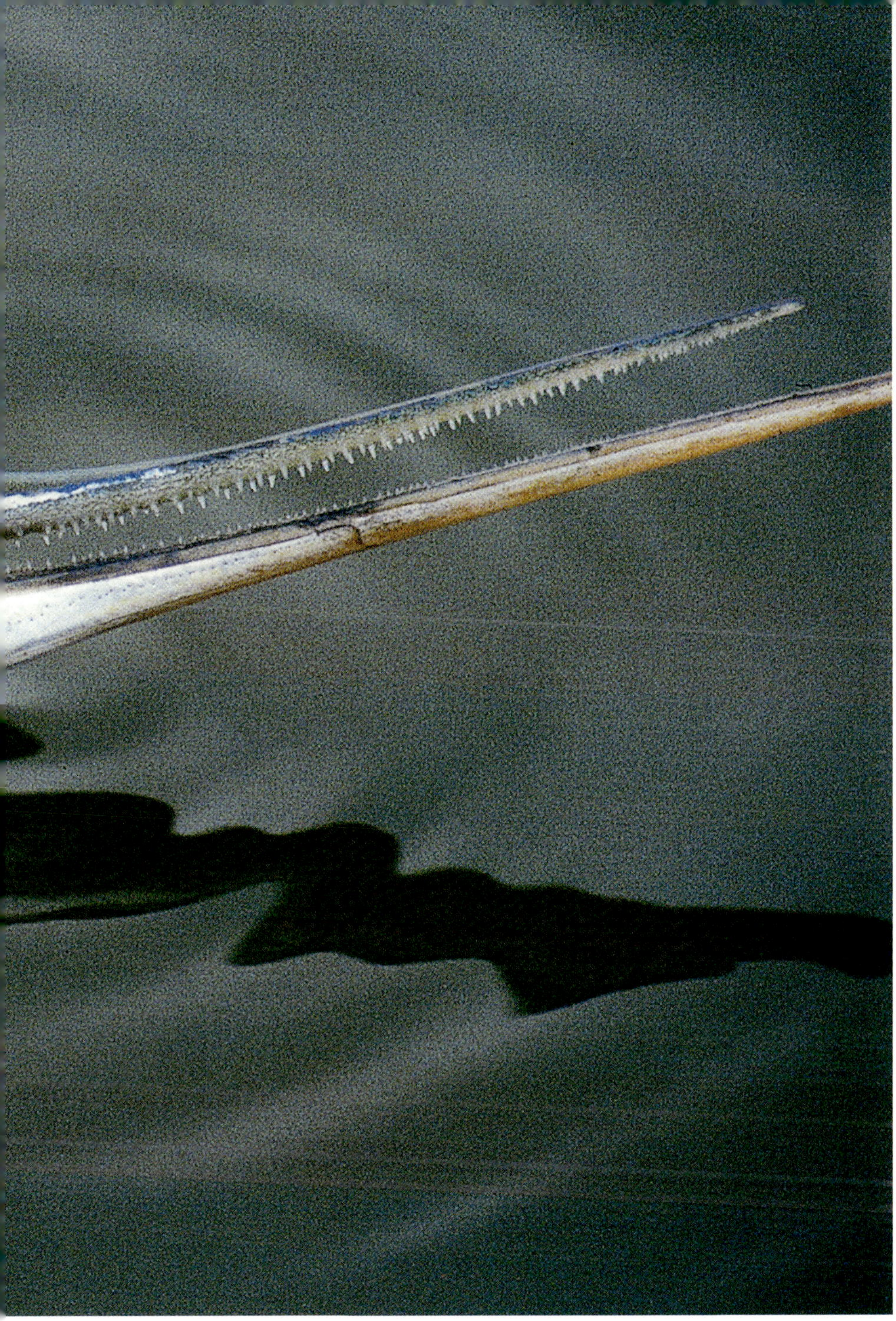

Die Fische im Salzwasser

Beim Fliegenfischen im Salzwasser kann fast alles passieren. Sitzt man an einem stillen Sommerabend in seinem Boot und fischt auf Dorsche, bringen Makrelen vielleicht plötzlich das Wasser zum Kochen. An einem Tag in der Brandung der Nordsee kommt es möglicherweise zu einer Begegnung mit dem Wolfsbarsch, der eine gewisse Exotik ins Angeln bringt. Große Heringsschwärme, Pollack und Makrele – sie bilden einen Teil der Faszination des Angelns im Meer.
Als Salzwasserfischer müssen Sie sich den Launen der Natur fügen, besonders an den offenen Küsten. Vor allem das Wetter bestimmt dabei, wann sich das Brandungsfischen lohnt oder die Ausfahrt mit dem Kajak oder Boot sicher ist. Wir können selten lange im Voraus planen. Sie müssen die Chance nutzen, sobald sie sich bietet.
Das Gleiche gilt für die Fischarten. Seien Sie immer auf andere Arten vorbereitet. Denn neben den gerade beangelten »Zielfischen« können stets andere Arten beißen. Denn fast alle an der Küste vorkommenden Fischarten lassen sich an die Fliege locken. Für dieses Buch habe die wichtigsten ausgewählt. Allerdings erweitert sich der Horzont ständig. So wussten vor zehn Jahren nur die wenigsten Fliegenfischer von der Existenz des Wolfsbarschs oder der Meeräsche, heute prägen sie das Fischen zu einem guten Teil. Und wer weiß – vielleicht taucht der Thunfisch im Öresund wieder auf. Er wäre die ultimative Herausforderung für Fliegenfischer.

Die Salzwasserregionen

Das Salzwasser bietet viel mehr Möglichkeiten für den Fliegenfischer, als bisher in Betracht gezogen wurden – mehr als das Süßwasser. Der Reichtum an Fischarten und Beutetieren sowie die unterschiedlichsten Gegebenheiten und Charakteristika an verschiedenen Küstenabschnitten warten auf die Entdeckung mit der Fliegenrute. Die flacheren Ostseeküsten bieten dabei andere Bedingungen als die Brandung der Nordsee, aber beide Regionen bieten spannendes Leben. Für den Fliegenfischer bestehen überall gute Möglichkeiten, solange er seine Technik an die physischen Bedingungen und die Launen der Fische anpasst. Letzteres fällt wohl am schwersten, denn lebende Wesen lassen sich nur selten in Formeln packen. Ihr Lebensraum lässt sich dagegen besser einschätzen. Lassen Sie uns deshalb einen Blick auf die verschiedenen Salzwassergebiete werfen.

Seegrasgürtel

Die fruchtbaren tiefgrünen Wälder aus Seegras gehören zu den reichsten Biotopen der Küste. Zwischen den langen, dünnen Blättern verstecken sich Tausende von Beutetieren. Tangläuse, Tangflöhe und Krabben krabbeln durch die Vegetation, kleine Garnelen ziehen in Schwärmen und viele Arten von Kleinfischen jagen durch diesen Dschungel. Darum treffen wir hier oft Arten wie Hornhecht, Dorsch, Meeräsche und an manchen Stellen auch Köhler (auf dem Fischmarkt Seelachs genannt). Der Hornhecht laicht hier.
Jagen Fische hier, sind sie nicht besonders scheu, da der Pflanzenvorhang sie selbst ebenfalls gut schützt. Seegras findet sich in vielen Buchten an der offenen Küste und in den flachen Buchten mit Sandgrund. In den letzten Jahren ist es leider an vielen Küsten stark zurück gegangen. Das liegt an der Verschmutzung und daran, dass es sehr viele warme Sommer und lange Winter mit Eis auf dem Meer gab.

Tangwälder

Tangpflanzen sind große Meeresalgen. An vielen der offenen Küsten wachsen sie in einem Gürtel vom Ufer bis ins tiefe Wasser. Im flachen Wasser der Küste leben Braun- und

Grünalgen. Bei den Braunalgen finden wir ein paar der bekanntesten Algen, wie den Blasentang und Sägetang mit seinen gezahnten lederartigen Blättern. Im tieferen Wasser dominieren die Rotalgen. Der Tang ist die Heimat von Tieren wie Krabben, Krebsen, Tangläusen und vielen Kleinfischen. Zu den Raubfischen zählt hier besonders der Dorsch, doch fast alle anderen Arten jagen hier genauso. Tangwälder gibt es überall an der offenen Küste, sogar an Stellen mit starker Strömung.

Sandbänke

Die großen Sandflächen, die wir an Stellen mit weiten offenen Küsten finden, sehen auf den ersten Blick leblos aus. Doch das ist weit gefehlt. Denn die meisten Tiere, die hier leben, passten sich ihrer Umgebung extrem gut an und lassen sich deshalb nur schwer entdecken. Entweder graben sie sich im Sand ein oder sie passen ihre Färbung täuschend echt dem Untergrund an. Andere setzen auf Schnelligkeit. Beutetiere gibt es hier reichlich. Besonders Würmer und Krebse sind zahlreich. Zusammen mit Fischen wie dem Sandaal ergeben sie die Hauptmahlzeit für die Jäger am Sandgrund. Dorsch, Meeräsche und verschiedene Arten von Plattfischen jagen hier, am aktivsten in der Dämmerung oder in nicht zu hellen Sommernächten. In der schäumenden Brandung an der Nordseeküste jagen die Wolfsbarsche den ganzen Sommer hindurch, oft sehr dicht unter der Strandkante.

Muschelbänke

Muschelbänke sind sichere Fangplätze – das ganze Jahr über. Denn hier wimmelt es vor Leben. Alle Formen von Krebsen und kleinen Fischen leben hier, zusammen mit vielen Bürstenwürmern. Und die von uns im Flachwasser beangelten Fischarten nutzen diese Plätze als Speisekammer. Egal wann und wo Sie an der Küste angeln, es lohnt sich, die dunklen Bänke ordentlich abzufischen. Die Sandflächen um die Bänke sind oft die Jagdreviere von großen Plattfischen.

Die Gezeiten

Süß- und Salzwasser stehen stets unter dem Einfluss des Monds, wobei einige Salzwasserregionen auf Grund ihrer physischen Verhältnisse sehr starken Gezeitenschwankungen ausgesetzt sind. An diesen Plätzen leben in der Regel die gleichen Tiere wie an anderen Stellen der Küste, jedoch sorgt eine konstante Zufuhr von Nahrung und Sauerstoff hier für reicheres Leben. Und Gebiete, an denen die Strömung pulsiert und Krebse, Krabben und kleine Fische viermal am Tag hin und her gezogen werden, locken Räuber an. Große Schwärme folgen den Gezeiten an der Küste zum Jagen. In dieser Strömung kann sich beim Angeln viel ereignen. Makrele, Hornhecht, Meeräsche, Dorsch, Köhler und an einigen Plätzen auch der Pollack können Ihre Fliege nehmen. Fischen Sie tief mit einer schnell sinkenden Schnur, kann selbst ein Steinbutt beißen. Die Strömungen der Gezeiten pressen sich an manchen Stellen durch Engpässe und lassen richtige Flüsse entstehen. Besonders verengte Eingänge in Buchten, Fjorde und Bodden sind Erfolg versprechende Angelplätze.

Klippen und Steinriffe
Die Struktur der nordskandinavischen Küsten wird weitgehend von Klippen beherrscht. Hier treffen wir direkt am Ufer bereits auf tiefes Wasser, weshalb hier reichlich Fisch schwimmt. Als Fliegenfischer müssen Sie jedoch keineswegs die weite Reise in den Norden antreten, damit Sie diese Möglichkeiten nutzen können. Allerdings kann ich sie Ihnen nur wärmstens empfehlen. Auf einigen Inseln wie Bornholm oder Helgoland, an einigen Stellen der dänischen Westküste und an vielen anderen deutschen Küstenabschnitten an Nord- und Ostsee gibt es allerdings ebenfalls Felsen, auf die sofort tiefes Wasser folgt. Wellenbrecher und Molen zeigen vielleicht nicht die selbe Dramatik wie die norwegische Küste, die fischereilichen Möglichkeiten bestehen jedoch auch hier. Trotzt der Angler an solchen Stellen dem meist kräftig wehenden Wind, kann er auf viele aufregende Fischarten treffen, die der Küstenangler sonst nicht fängt. Abhängig von der Jahreszeit finden Sie hier Hering, Dorsch, Köhler, Pollack, Wolfsbarsch, Meeräsche, Makrele und viele andere Arten. Die Nordseeküste ist wohl dabei die größte Herausforderung für den Fliegenfischer.

Brackwasser
In der Ostsee, in Buchten und in der Nähe von Flussmündungen liegen die Brackwasserbiotope. Die meisten Küstenfische können sich hier aufhalten, aber für einige scheint es förmlich das Paradies zu sein. Dazu zählen Meeräsche und Flunder. Die Meeräsche schwimmt gerne im Bereich von Flussmündungen, was zu einem großen Teil an der organischen Verschmutzung und den Nährstoffen liegt, die das Plankton fast zu explosionsartiger Vermehrung treibt. Brackwasserbiotope können sehr nahrungsreich sein, aber im Sommer genauso sehr sauerstoffarm. Man findet sie überall dort, wo sich Süßwasser und Salzwasser treffen.

Beutetiere im Salzwasser

Da es im Salzwasser unzählige Beutetiere gibt, beschränke ich mich im Folgenden nur auf die wichtigsten. Die für bestimmte Fischarten besonders wichtigen Futtertiere beschreibe ich noch im Rahmen der einzelnen Fische.

Stichlinge
Stichlinge sind kleine olivbraune bis silbrig blanke Fische. An unseren Küsten leben drei verschiedene Arten: der Dreistachlige Stichling, der Neunstachlige Stichling und der Seestichling. Alle drei tragen Stacheln vor der Rückenflosse, die den Raubfischen jedoch nicht schaden. Der Dreistachlige Stichling kommt in allen Küstenabschnitten sowie im Süßwasser vor. In der Laichzeit, etwa im Mai, trägt das Männchen eine sehr kräftige Paarungsfarbe mit einer roten Brust und blaugrünen Flanken. Die maximale Größe beträgt 10-11 Zentimeter.
Der Neunstachlige Stichling lebt hauptsächlich im Brackwasser. Er wird kaum über sieben Zentimeter lang. Der Seestichling ist ein langer, schlanker Fisch, der sich in den Tang-

wäldern der offenen Küste aufhält. Er wird 15-20 Zentimeter lang.

Sandaal
Das sind schlanke silberne Fische mit olivfar-

benem bis bläulichem Rücken. Es gibt zwei Arten. Den Kleinen Sandaal, auch Tobiasfisch genannt, und den Großen Sandaal. Beide Arten fühlen sich an sandigen Küsten wohl. Hier können sie sich bei Gefahr im Sand vergraben. Die maximale Länge des Großen Sandaals beträgt 35 Zentimeter, die des Tobiasfischs etwa 20 Zentimeter. Sie werden besonders gern vom Dorsch, Pollack, Wolfsbarsch und Steinbutt gefressen.

Hering und Sprotte

Sie beschreibe ich später unter den Fischarten. Alle Raubfisch-Arten jagen Heringe und Sprotten.

Groppen

Groppen bilden eine kleine Familie von Bodenfischen, die mit dem Knurrhahn verwandt sind. Sie verfügen nur über ein eingeschränktes Schwimmblasen-Volumen, weshalb sie sich eher über den Grund hüpfend bewegen, als gleichmäßig zu schwimmen. Zum Ausruhen dient ihnen entsprechend der Grund. Groppen laichen im Frühsommer in verhältnismäßig flachem Wasser. In unseren Küstengewässern schwimmen fünf verschiedene Arten. Da man sie nur schwer unterscheiden kann, möchte ich sie nicht einzeln beschreiben. Sie besitzen durchweg eine bräunlich/dunkle Färbung sowie eine maximale Größe von 4-15 Zentimetern. Alle Arten werden von sämtlichen am Boden jagenden Raubfischen gefressen.

Aalmutter

Die Aalmutter ist vom Körper her ein welsähnlicher Grundfisch. Er ist bräunlich gefärbt und wächst bis auf 30-40 Zentimetern heran. Als Besonderheit gebären diese Fische im Dezember/Januar lebende Junge im flachen Wasser. Besonders die jungen Fische werden von allen Grundfischen gefressen, wie Scholle, Steinbutt und Dorsch.

Krabben

Vier Arten von Krabben leben an der Küste. Manchmal können sogar ein paar der Tiefsee-

krabben nah an die Küste schwimmen. Ansonsten kommen Strandkrabbe und Einsiedlerkrebse am häufigsten vor. Die Krabben sind zu manchen Jahreszeiten von großer Bedeutung. Denn jetzt sammeln sie sich zu großen Schwärmen und beginnen die durch die Jahreszeit bedingte Wanderung vom flachen ins tiefe Wasser. Die meisten Krabben sind 4-10 Zentimeter lang und olivbraun bis grau. Sie werden von praktisch allen Fischen gefressen.

Mysis

Mysis oder Mysiden sind kleine krabbenähnliche Krebse. An unseren Küsten leben sehr viele verschiedene Arten. Sie erreichen jedoch nur Größen von weniger als 1-3 Zentimeter und sind durchsichtig. Die größte Bedeutung besitzen sie für Hering und Hornhecht.

Tangläufer, Tangflöhe und Schlickkrebse

Recht viele verschiedene Arten von Kleinkrebsen kommen bei uns vor, die allerdings durch ihre geringe Größe für den Laien kaum zu unterscheiden sind. Alle besitzen eine Größe von 1-4 Zentimeter. Die Farben sind oliv, gelblich und braun. Sie werden von allen Küstenfischen gefressen. Schlickkrebse bilden eine wichtige Hauptnahrung für Meeräschen und Plattfische.

Borstenwürmer und Sandwürmer
Das sind lange, in Glieder aufgeteilte Würmer, die fast immer im Schlickboden oder im Sand eingegraben sind. Besonders um Muschelbänke herum und im Watt findet man viele Würmer. Die sich paarenden Borstenwürmer locken im April und Mai alle Küstenfische an. Wolfsbarsch, Dorsch und Plattfisch, ja alles was schwimmen kann, kommt, um an diesem Überfluss teilzuhaben. Die Würmer können sehr groß werden, einige Arten bis zu einem Meter.

Tintenfische
Zeitweise besitzen kleine, pelagische, zehnarmige Tintenfische große Bedeutung für die Küstenfische. In meinem Buch über die Futtertiere der Meerforelle von 1996 schrieb ich über die Tintenfische an dänischen Küsten. Ich bezweifelte, dass unsere Treffen mit Tintenfischen isolierte Zufälle waren. Seitdem erhielt ich viele Zuschriften von Anglern im ganzen Land, die ebenfalls auf Tintenfische gestoßen waren. An der norwegischen Küste sind die Tiere von noch größerer Bedeutung und man kann sie das ganze Jahr über in der Nähe der Küste antreffen. Die Farben der Tintenfische können unheimlich variieren, da sie die Farbe nicht nur zur Tarnung, sondern auch zur Kommunikation verwenden. Weiße, olive, braune und rosa Töne mit vielen Flecken kommen jedoch am häufigsten vor. Die Größe liegt oft bei 7-15 Zentimeter. Tintenfische werden besonders gern von Dorsch, Pollack, Wolfsbarsch und Meerforelle gefressen.

Und viele andere
Die hier genannten Beutetiere gelten allgemein als die häufigsten, aber örtlich können hunderte von anderen Arten eine größere Bedeutung besitzen. Dazu zählen Jungtiere von Plattfischen, Steinbeißern, Hornhechten und Aalen. Achten Sie auf die verschiedenen Tiere die Sie am Ufer oder vom Boot ausfindig machen können. Und dies das ganze Jahr über.

Die Signale der Natur erkennen

Genau wie im Süßwasser, gibt es auch im Salzwasser eine Reihe von Anzeichen, die Sie auf die Anwesenheit von Fischen hinweisen. Nutzen Sie Ihre Augen, Ohren und Ihren logischen Verstand, und Ihre Chancen werden sich wesentlich verbessern.
Halten Sie Auschau nach Vögeln. Sie sind Ihre kostenlosen Kundschafter. Fischende Kormorane sind ein Anzeichen für kleine Fische. Passen Sie auf, wie lange er taucht. Dauert der Tauchgang lang, finden sich dort nur wenige. Darum sind dann auch keine Raubfische in der Nähe. Fängt der Vogel dagegen sofort einen Fisch, ist das ein gutes Zeichen. Köhler jagen oft die kleinen Fische an der Oberfläche. Das kann man mit vielen anderen Fischen jedoch ebenfalls erleben, wie bei Makrele, Dorsch, Wolfsbarsch und Meerforelle. Mit einem Boot ausgerüstet können Sie sich an der Jagd beteiligen.
Seegrasgürtel und Tangwälder sind sichere Fischplätze. Wenn Sie sich an der Küste auf eine Anhöhe oder eine Steilküste stellen, können Sie diese Gebiete mit einer Polarisations-Brille oft als dunkle Stellen sehen.
Sandbänke stellen kompliziert zusammengesetzte Biotope dar. Auf der einen Seite herrscht starke Strömung, auf der anderen viel Schutz davor. Darum ziehen sie sowohl kleine Fische, als auch die Räuber an. Besonders der Wolfsbarsch fühlt sich hier zu Hause.
Priele und Fahrrinnen bilden Wege für Beute- und Raubfische gleichermaßen. Ein windiger Tag und ablandiges Wasser enthüllt diese Plätze. Überall wo die Brandung nicht bricht, ist das Wasser tief. Lassen Sie Ihre Fliegen in diese Rinnen und Löcher treiben.
Die Gezeitenwechsel sind wichtig. Denn der Austausch des Wassers führt den Fischen viel Nahrung und Sauerstoff zu.

Von den Gezeiten überschwemmtes Watt ist eine der größten Futterfabriken an der Küste. Zieht sich das Wasser zurück, müssen die Fische nur den Mund öffnen. Denn Tangläuse, Tangflöhe, Schlickkrebse und Würmer werden mit aufs Meer gezogen und schwimmen den Fischen direkt ins Maul. Vergessen Sie auch nicht, dass die Wassertemperatur hier im Frühling schneller steigt als an anderen Stellen. Viele Küstenfische sind in der Dämmerung und Nacht am aktivsten. Die Kombination von steigendem Wasser und Dunkelheit ist optimal. Hafenmolen geben Ihnen die Möglichkeit zum Fischen in tiefem Wasser. Viele Fische verstecken sich gerne im Schatten der Pfähle. Schicken Sie eine Fliege an einer schnell sinkenden Leine zu ihnen hinunter.

An vielen Molen ist bei Nacht Scheinwerferlicht eingeschaltet, was eine Vielzahl von kleinen Beutetieren anlockt. Krebse, kleine Fische und Tintenfische treffen sich hier und bilden eine herrliche Futterkonzentration für Dorsche, Wolfsbarsche und andere Jäger.
Die Windrichtung kann entscheidend sein. Es fällt schwer, eine Fliege ins Wasser zu bekommen, wenn starker Wind von See her bläst. Außerdem wühlt er die Strandzone oft so auf, dass sie so trüb wie Erbsensuppe ist. Ablandiger Wind kann im Sommer sehr schön sein. Er drückt das schmuddelige, lauwarme Wasser weg von der Küste und zieht kühles und sauerstoffreiches Wasser zum Ufer. Andererseits stehen die Chancen bei diesem Wind im Frühling manchmal sehr schlecht.

Dorsch

Der geheime Küstenplatz

Wir rollen über einen schmalen Schotterweg und mir fällt auf, dass Morten den Wagen sorgfältig hinter einem Busch parkt. So kann man ihn von der Landstraße aus nicht sehen. Mein Freund versucht, sich nichts anmerken zu lassen und tut so, als ob er immer so parkt. Aber er parkt mit der Präzision eines Augenchirurgen, der das Skalpell schwingt.
»Darf man hier nicht angeln?«, frage ich skeptisch. Obwohl ich in meiner Jugend ein (entspanntes) Verhältnis zu Gesetzen und Angelverboten hatte, versuche ich doch heute mich auf dem engen Pfad der Regeln zu halten oder wenigstens in deren Nähe. Nicht weil ich fürchterlich rechtschaffen bin, sondern weil ich zu alt für solche Spiele bin.
»Doch, natürlich darf man hier angeln«, sagt Morten beruhigend. »Man darf doch überall an den dänischen Küsten fischen.«
»Ja, das ist mir auch klar, aber warum musst du dann das Auto hinter einem Busch parken?«
»Habe ich das wirklich getan?«, fragt Morten und schaut gespielt überrascht auf den kleinen roten Wagen.
»Raus mit der Sprache«, sage ich.
»Vielleicht... «, fängt er unschuldig an, »habe ich ihn ganz unbewusst versteckt«.
»Wieso denn?«, frage ich hartnäckig, obwohl ich es weiß.
»Alte Angewohnheit«, gibt er zu, und entblößt damit die selbe Laufbahn, wie ich sie habe.
»Außerdem kennen nur wenige diesen Platz und wir müssen ja nicht gerade Einladungen aufhängen.«
Das verstehe ich nur zu gut.
Wir nehmen unsere Fliegenruten, Kamera und Wathosen und machen uns auf den Weg zum Strand.
Die Wellen rollen leicht auf das Riff. Der Wind ist so gut wie weg, bald liegt die Oberfläche ganz blank. Die Schatten sind lang.
»Die Dorsche erscheinen in der Dämmerung«, verspricht Morten. »Dann kommen sie hier bis knapp einem Meter ans Ufer zum Jagen.«
Ich sehe hinaus auf die Schönheit. Tangwälder wechseln sich mit Seegrasfeldern ab. Zwischendurch leuchten helle Flecken mit reinem Sandboden. Näher am Ufer kann ich große Steine im Wasser sehen. Die Dünung schlägt schlapp auf den Strand. Meine Erwartungen steigen.
Nach einer kleinen Pause waten wir ins lauwarme Wasser und fangen an zu fischen. Mit ein bisschen Glück könnten Hornhechte beißen, aber eigentlich warten wir auf die Dorsche.
Es passiert zunächst nichts Besonderes. Eine Meerforelle nimmt Mortens Fliege, springt und spuckt sie wieder aus. Hornhechte sehen wir nicht. Die Sonne geht gerade unter, als wir das erste Plätschern von jagenden Dorschen hören. Wir können ihren Kurs verfolgen. Sie kommen langsam aber sicher näher. Eine dichte Welle von jagenden Fischen. »Jetzt sind sie da«, sagt Morten aufgeregt, als ein Dorsch seine Fliege nimmt. Nach ein paar Würfen spüre ich ebenfalls einen leichten Schlag in der Rute. Der Dorsch beißt ein paar Mal, ohne dass der Haken richtigen Halt findet – das erinnert mich ein wenig an die nervenzersetzenden Barsche zu Hause im See. Die zaghaften Bisse rucken durch die Rute. Ich verharre, der Fisch bleibt dran. Der Anhieb folgt und sitzt. Wir betrachten die Fische und setzen sie schließlich zurück.
In der nächsten Stunde fange ich so viele Fische wie nie zuvor. Morten landet trotzdem die meisten, da er die Stelle und ihre Fische am besten kennt. Sie jagen überall vor, zwischen und hinter uns. Wir können hören, wie die Dorsche an der Oberfläche jagen: Genauso wissen wir, dass die meisten am Grund nach Krabben suchen. Wir experimentieren ein wenig mit den Fliegen. Große McCrabs

am Grund, Wolly Buggers im mittleren Wasser und Popper mit Streifen an der Oberfläche. Es klappt mit allem. Die Fliegen über Grund bringen die meisten Fische, aber die Popper sind die spannendsten. Denn manchmal springen dicke Dorsche ganz aus dem Wasser und nehmen unsere Fliegen von oben. Sie platschen laut, treffen jedoch meist daneben. Aber das macht nichts, sie oder einer ihrer Artgenossen versuchen es wieder. Fast jeder Wurf bringt einen Fisch.
Die meisten lassen wir wieder frei, nur ein paar behalten wir für die Gefriertruhe. Wir vergessen während der wildesten Phase alles andere. Als es etwas ruhiger wird, fällt Morten ein, dass wir ein paar Fotos machen wollten. Er stellt sich auf einen Stein, damit er etwas über mir steht, denn ich soll als Modell agieren. Er knipst los, während ich mit allen Kräften mit den Dorschen kämpfe.
Danach setzt er einen neuen Film in die Kamera und sagt: »Jetzt kannst du ruhig noch einen Dorsch an den Haken holen«. Ich werfe pflichtbewusst die Fliege aus. Sie landet auf dem Wasser, schwimmt zehn Zentimeter und wird von einem Fisch geschnappt. Es ist eine Meerforelle.
»Jetzt machen wir eben ein paar Bilder von ihr«, sagt Morten eifrig.
Die nächsten Minuten dirigiert er mich und die Meerforelle, um die besten Fotos zu machen. »Zwei Schritte zurück – ein bisschen vor – halt sie hoch.« Ich tanze zwischen den Steinen und komme ein bisschen weiter raus, als ich eigentlich will. Erst jetzt fällt mir auf, dass es total dunkel ist. Ich stolpere über einen Stein, die Forelle springt und befreit sich.
Mein Kumpel ist trotzdem zufrieden. Ich auch, bis ich merke, dass die Taschen in meinem Regenmantel komisch ausbeulen. Dann klingelt eine Glocke in meinem Hinterkopf und ich schimpfe so, wie es meine Mutter lieber nicht hören sollte.
»Sie sind doch nur voller Wasser«, sagt Morten. »Warum bist du den so sauer?«
Ich stecke meine Hand in die eine Tasche und ziehe mit einer viel sagenden Geste meine mit Wasser gefüllte Kamera heraus.

✦ ✦ ✦

Dorsch

Der Dorsch gehört zu den häufigsten Fischen an unseren Küsten und auf dem offenen Meer. Für den Küstenangler bildet er eine herrliche Herausforderung und selbst von einem Kajak oder einer kleinen Jolle aus können Sie auch selbst größere Dorsche mit der Fliege fangen. Ein Dorsch zwischen drei und sechs Kilogramm ist ein ernsthafter Gegner beim Fliegenfischen und es besteht immer das »Risiko«, dass Sie einen der wirklich großen erwischen.

Verbreitung

Der Dorsch (*Gadus Morhua*) kommt fast überall in den Meeren der nördliche Halbkugel vor, vom nordamerikanischen Kontinent bis nach Skandinavien und dem Eismeer. Im Süden erstreckt sich seine Heimat über ganz Südeuropa und im Norden bis an die Packeisgrenze.
Den Dorsch findet man an der Küste und bis zu einer Tiefe von 600 Metern. Und das in vielen eigenständigen Stämmen. Normalerweise sind die Küstenfische eher klein, aber in der Ostsee wurden bereits Küstendorsche bis zu 20 Kilo gefangen.

Aussehen

Der Dorsch ist ein stämmig gebauter Fisch mit einem großen Kopf. Er besitzt einen kräftigen Oberkiefer und eine markante Bartel. Dorsche passen ihre Farbe stets der Umgebung an. Über Sandboden findet man helle Dorsche (Sanddorsche), in Tangwäldern rotbraune

(Tang- oder Rotdorsche) und im Seegras die grünlichen. Sie alle sind schön marmoriert. Der Dorsch kann sehr groß werden. Auf den Lofoten in Nordnorwegen werden jedes Jahr prächtige Exemplare über 40 Kilo und eineinhalb Meter Länge gefangen. An der Küste trifft man jedoch am häufigsten Dorsche zwischen einem und drei Kilo. An Stellen mit tiefem Wasser direkt unter Land bestehen allerdings Chancen auf größere Fische.

Fortpflanzung

Dorsche laichen gegen Ende des Winters. Im Februar und März versammeln sie sich im tiefen Wasser. Und jeder Rogner gibt hunderttausende Eier ins Meer ab.

Nahrung

Wie im Süßwasser der Hecht besitzt der Dorsch ebenfalls ein sehr gutes Sehvermögen. Er frisst so ziemlich alles, was in sein Maul passt. Und das ist im Verhältnis zum Körper sehr groß. Einige Bestände stürzen sich auf Heringe und Sprotten, wobei Dorsche diesen Schwärmen folgen. Die Küstendorsche besitzen eine Vorliebe für Krabben. Sie werden am Stück geschluckt, ohne den Panzer vorher zu knacken. Zeitweise sind andere Beutetiere von genauso großer Bedeutung. Würmer im April und Mai, Krabben im Sommer und Herbst sowie bei jeder sich bietenden Gelegenheit. Auch Tintenfische werden gerne von dem dickbäuchigen Freibeuter gejagt.

Tipps

Winter
Der Dorsch lässt sich das ganze Jahr hindurch mit der Fliege fangen, solange keine Eisschicht das Fischen verhindert. Ich konnte schon viele schöne Tage an der Küste im Winter erleben. Tage mit klammen Fingern, Schneewehen am Ufer und in der Regel ein paar Dorsche sowie vielleicht eine Meerforelle als Belohnung für die Anstrengungen. Wenn Sie an der Küste Plätze finden, die das Angeln mit einer schnell sinkenden Leine in tiefem Wasser erlauben, können Sie den ganzen Tag über auf Dorsch fischen. Fischen Sie an flachen Stellen, müssen Sie jedoch bis zur Dämmerung warten. Dann kommt der Dorsch bis ans Ufer, auch im Winter. Man muss nur sehr langsam fischen und ganz unten am Grund.

Frühling, Somme und Herbst
Im März und April beginnt das Fischen auf Küstendorsche. Suchen Sie intensiv in drei bis sechs Meter Wassertiefe während der Tagesstunden. Ich fische gerne von einem Boot aus und in letzter Zeit immer mehr auch vom Kajak. Mit einem Boot kann man eine Menge Wasser absuchen. Da es am Tage nur selten windstill ist, lasse ich mein Kajak über die

Stellen treiben, an denen ich fischen möchte. Dazwischen werfe ich oder schleppe mit einer schnell sinkenden Schnur. Die Technik ist einfach, aber sehr effektiv.
Sobald der schnell sinkende Schusskopf den Grund erreicht, kann ich die über den Boden schleifende Fliege in der Rute fühlen. Bei Upside-Down auf Keel- und Jighaken gebundenen Mustern bleibt die Fliege übrigens so gut wie nie hängen. Sobald ich nichts mehr fühle, gebe ich ein paar Meter Schnur mehr ins Wasser. Nach kurzer Zeit habe ich das Gefühl, dass ich mit Hilfe dieses Sensors eine Karte des Küstengrundes erstellen könnte. In der Regel bleibt mir dazu jedoch keine Zeit. Denn oft rappelt es an der Rute schon nach wenigen Metern.
Die Dorsche schnappen meist mehrere Male nach der Fliege, bevor sie richtig zubeißen. Sobald ich merke, dass sich ein Fisch für die Fliege interessiert, verleihe ich ihr ein bisschen zusätzliches »Leben« mit der Rutenspitze. Beißt der Fisch, folgt ein kräftiger Anhieb. Sobald der Dorsch am Haken hängt, muss er weg vom Grund. Denn versteckt er sich erst im Tang, bekommen Sie ihn sehr wahrscheinlich nicht mehr heraus. Darum steht keine Zeit für elegante Drilltechniken zur Verfügung. Es geht einfach darum, sofort maximalen Druck auszuüben und ihn vom Grund zu lösen – »Show 'em the butt«, wie die Amerikaner sagen. Mit kleinen Dorschen geht es super, bei großen ist es harte Arbeit.
Im Sommer fische ich genauso, oft jedoch auch vom Ufer aus. Denn über den Sommer, solange keine Hitzewelle herrscht, jagen die Dorsche in der Dämmerung und am Anfang der Nacht dicht am Strand. Am Morgen halten sie sich noch immer dort auf. Allerdings ist ihr Magen jetzt bereits reichlich mit Krabben, Krebsen und kleinen Fischen gefüllt, so dass die Fische kaum noch einen Köder nehmen. Angeln Sie deshalb lieber in den Abendstunden. Von kurz vor Sonnenuntergang bis zur völligen Dunkelheit erstreckt sich die beste Zeit. Ganze Dorschschwärme suchen manchmal bis dicht unter Land der Küste entlang nach Krebsen, kleinen Fischen. Eine intermediate oder eine langsam sinkende Fliegenschnur bringt immer noch die meisten Fische, aber auch eine schwimmende mit einem langen Vorfach fängt besonders am Abend. Die Dorsche jagen in bis nur einen halben Meter tiefem Wasser, solange es dunkel genug ist.
Im Herbst kann man weiterhin an der Küste fischen. Aber wieder spielen Kajak und Jolle eine große Bedeutung.

Ausrüstung

Rute

Ich nehme die gleiche Ausrüstung wie für Hechte. Beim Bootsfischen mit der Sinkschnur nehme ich am liebsten eine Kohlefaserrute von 9 Fuß der Klasse 8-9. Diese kräftige Rute beherrscht die schweren Leinen und bändigt große Fische. Eine entsprechende Rute sollten Sie auch an windigen Tagen vorziehen, sofern Sie mit großen Fliegen fischen. Für das Angeln von Land aus an stillen Abenden mit schwimmenden oder Intermediate-Schnüren können Sie ruhig eine leichtere Ausrüstung wählen.

Rolle

Suchen Sie eine solide, salzwasserbeständige Rolle aus, die neben der gewünschten Fliegenschnur 100 Meter Backing aufnimmt. Denn beim Dorschfischen im tiefen Wasser wissen Sie nie, was auf sie zukommt.

Schnüre

Keulenschnüre oder Schussköpfe sind das einzig Richtige für die Dorsche. Eine DT-Schnur kann ganz einfach keine großen schweren Fliegen gegen den Wind werfen, schon gar nicht mit einer Einhandrute. Das Ultimative ist meiner Meinung nach ein Schusskopf mit verschlaufter Schuss-Schnur. Die dünne Runningline wird leicht vom sinkenden Schusskopf in die Tiefe gezogen, da sie dem Wasser wenig Widerstand entgegensetzt. Möchten Sie Schussköpfe selbst anfertigen, dann finden Sie mein Rezept und die Gewichtstabelle im Hecht-Kapitel.

Vorfach

Das Vorfach für Dorsche sollte kräftig dimensioniert sein. Mein Standardvorfach für das Fischen in seichtem Wasser mit Intermediate oder langsam sinkender Leine besteht aus einem Meter 0,60 mm und einem Meter 0,40 mm starkem Monofil. Bei schnell sinkenden Wurfschnüren nehme ich das gleiche Vorfach, allerdings verkürze ich die gesamt Länge auf eineinhalb Meter länge. Es gibt keinen Grund, ein dünneres Vorfach auf Dorsche zu verwenden. Vielmehr ergäben sich damit Probleme beim Werfen großer, beschwerter Fliegen.Und wenn ein großer Dorsch seinen Kopf in den Tang steckt, benötigen Sie so viel Abriebfestigkeit wie möglich. Die dünnen Vorfächer haben meist eine ausreichende Tragkraft, verschleißen jedoch zu schnell.

Fliegen

Dorsche lieben richtig große Köder. Wieder ist es die Ausrüstung und Ihre Wurftechnik, welche die Grenzen setzt. Große, pulsierende Streamer mit viel Flash und etwas Eigenleben locken besser als alles andere. Denn der Angler kann mit ihnen ganz langsam den Grund absuchen, wobei sie noch immer lebendig wirken. Versuchen Sie einen Bunny, den Sie wiederum im Hecht-Kapitel finden. Der lange Kaninchenfellstreifen macht jeden Dorsch wild. Am wichtigsten sind jedoch einige hängersichere Fliegen. Binden Sie ein paar Muster auf Keelhaken, Jighaken, oder im Bend-Back-Stil mit dem Hakenbogen nach oben. Diese sind unentbehrlich für das Fischen mit einer sinkenden Leine und eignen sich genauso gut für das Schleppen. Durch die gute Sicherung vor Hängern müssen Sie nicht ständig nachsehen, ob Ihr Haken schwimmenden Tang gefangen hat.

Zum Schleppen sind ebenfalls Wiggle Bugs hervorragend geeignet. Bei gleichmäßigem Zug schwimmen sie in einer Weise, die an einen Wobbler erinnert. Statten Sie sie mit einem Schwanz aus Marabou oder Kaninchenfellstreifen und ein wenig Flash aus, verwandelt sie sich zur gefährlichsten Fliege für die Raubfische der Küste.

Diese Muster, die wohl am meisten an Würmer und Fische erinnern, sollten Sie sowohl in Imitationsfarben, als auch in etwas provokanteren Nuancen probieren. Last but not least sollten Sie ein paar Krebsfliegen in Ihrer Schachtel haben. Binden Sie eine Handvoll McCrabs.

McCrab Variante (Morten Valeur)

Haken:	Mustad 34007 Größe 1/0-2
Garn:	schwarz
Gewicht:	Bleiaugen
Schwanz:	vier braune Hahnenhecheln zu einem V gebunden, darauf ein wenig Pearl-Krystal-Flash
Körper:	zurecht geschnittenes Hirschhaar
Schild:	Epoxidharz oder Heißkleber schwarz lackiert
Augen:	monofile Schnur, zurecht geschmolzen
Beine:	schwarze Gummibeine

Pink Sprutte (Michael Jensen)

Haken:	Mustad 80400D Größe 2-6
Schnur:	weiß
Augen:	Bleiaugen
Beine:	pinkfarbene Wiggle-Legs
Körper:	Pink Flash-Dub

Fat Bottom Girl (Michael Jensen)

Haken:	Mustad 80400D Größe 2-6
Garn:	schwarz
Augen:	Bleiaugen orange angemalt, mit schwarzen Pupillen
Schwanz:	schwarzes Kaninchenfell mit ein paar Fasern Pearl-Krystal-Flash versehen
Körper:	schwarzes Kaninchenfell in eine Dubbing-schlaufe gesponnen und zurecht geschnitten
Hechel:	schwarzes Kaninchen, wie ein Kragen um die Augen gebunden und gebürstet

Green Machine (Michael Jensen)

Haken:	Mustad 80400D Größe 2-6
Garn:	weiß
Augen:	Bleiaugen
Schwanz:	fluogrünes Marabou mit ein paar Fasern silbernem Flashabou
Körper:	grünes Flash-Dubbing
Hechel :	im Palmerstil eine grüne Hahnenhechel
Flügel:	fluogrünes Marabou

Leisure-Popper (Martin B. Hedegaard)

Haken:	Mustad 80400D Größe 2-6
Garn:	orange
Augen:	Folienaugen auf den Kopf geklebt
Schwanz:	zwei orange und zwei grizzly Hahnenhecheln wie ein V eingebunden und mit ein paar Fasern Pearl Flash versehen
Kopf:	aus Balsa oder Schaumplastik geschnitten mit Epoxidharz oder Heißkleber bestrichen und orange bemalt
Hechel:	hinter dem Kopf eine orange und eine grizzly Hahnenhechel

Köhler (Seelachs)

Seelachsfest

In einer Sommernacht an einer kleinen Flussmündung in Norwegen in der Nähe des Polarkreises zu stehen, heißt dem Paradies der Fliegenfischer schon sehr nah zu sein.
Das Wasser steigt und die ersten Fische zeigen sich in der Mündung. Ein Stück weiter draußen im Fjord ist die Jagd in vollem Gange. In regelmäßigen Abständen durchbrechen flüchtende Kleinfische die Oberfläche und schwimmen um ihr Leben. Möwen und ein paar andere fischfressende Wasservögel mischen aus der Luft in diesem Kesseltreiben mit. Es ist Seelachsfest. Bald sind die Fische nahe genug heran. Der Angler wirft den Streamer, lässt ihn sinken und zieht ihn in langen Zügen zu sich. In den Pausen fällt er zurück in die Strömung. Plötzlich fährt ein Ruck durch das Handgelenk, der Fischer hebt die Rute und der erste Köhler hängt am Haken. Ein Schwarm neugieriger Fische folgt dem gehakten. Sie lösen die Fliege und werfen wieder. Der Köder trifft nicht einmal richtig das Wasser, bevor der nächste Fisch angreift. Jetzt sind die Köhler überall.
Zählen Sie zu den Fischern, die jedes Jahr nach Norwegen zum Lachsfang reisen, liegt ein riesiges Potential an fischereilichen Möglichkeiten in Reichweite. Denn das Fischen auf Lachs ist spannend, sofern sie da sind. Andererseits gehört es zu den frustrierendsten Angelegenheiten der Welt, an einem leeren Fluss zu stehen und auf die Fische zu warten. Natürlich kommen die Lachse mit steigendem Wasser den Fluss hinauf. Aber was, wenn die Meteorologen für die nächste Woche absolute Trockenheit angesagt haben und Ihre Geduld auf eine sehr harte Probe gestellt wird? Anstatt Fingernägel zu kauen, Ihre Kameraden zu beschimpfen oder aus bloßer Bitterkeit Ihre Lieblingsrute in die Ecke zu werfen, sollten Sie lieber einmal an die Küste fahren.
Hier gibt es genügend Raum, kein Gerangel um die Plätze und vor allem so viele Köhler, wie Sie nur fangen möchten. An manchen Orten ist das Fischen in Flussmündungen erlaubt. Ansonsten finden Sie gute Stellen an den Fjordmündungen. Setzen Sie sich ruhig hin und warten Sie auf das Steigen des Wassers. Füllt sich die Bucht mit frischem Salzwasser, folgen ihm gleichzeitig die Köhler. Hunderte von blanken, starken Fischen, denen der Sinn offenbar nur nach Futter steht. Jetzt einfach raus mit der Fliege und der Rest geschieht fast von selbst. Der Köhler muss aber keine Ersatz für etwas sein. Er selbst ist eine Reise wert.

✦ ✦ ✦

Köhler

Verbreitung
Der Köhler *(Pollachius virens)* lebt in allen Meeren im Norden, eine Ausnahme bilden die Brackwassergebiete der Ostsee und die inneren Fahrgewässer Dänemarks. Der auch Seelachs genannte Fisch benötigt salzhaltigeres Wasser als der Dorsch.

Aussehen
Der Köhler ist ein Dorschartiger, jedoch kein ausgesprochener Grundfisch. Er lebt vielmehr im Freiwasser. Er ist schlank, besitzt helle Flanken und ein oberständiges Maul. Der Rücken ist schwarz. Der Köhler kann ziemlich groß werden, 12-14 Kilo, doch diese Brocken kommen nur selten in Ufernähe. An der Küste sind Fische zwischen 0,5 und drei Kilo die Regel. Eine Ausnahme bilden die Gezeitenströme in Nordskandinavien, in denen man auch große Köhler vom Ufer aus fangen kann.

Fortpflanzung
Der Köhler laicht in der Zeit von Januar bis April. Es geht im tiefen Wasser vor sich, unter anderem bei den Lofoten und in der nördlichen Nordsee.

Ernährung

Schon bei einer noch recht bescheidenen Größe stellen Köhler ihre Kost von Plankton auf Fisch um. Fischbrut und Jungfische werden von den immer hungrigen Jägern angegriffen. Besonders der Hering ist wichtig für die größeren Köhler. In manchen Gegenden kommt großem Plankton, wie dem Krill, eine wichtige Bedeutung zu. Der Köhler kann in allen Wassertiefen jagen.

Tipps

Sommer und Herbst

In unseren dänischen Gewässern ist es nicht alltäglich, von der Küste aus einen Köhler zu fangen. Und doch geschieht es jeden Herbst, dass Angler meist an der dänischen Nordküste Köhler fangen. Oft sind es die strömungsstarken Stellen mit tiefen Wasser dicht unter Land. Das erfolgreiche Befischen ist jedoch zu zufällig, um darüber viel zu schreiben. Darum möchte ich lieber das Angeln an der norwegischen Küste beschreiben. Treffen Sie den Köhler dann irgendwo weiter im Süden an, können Sie ihn mit der selben Technik und den gleichen Fliegen fangen. Der beste Zeitraum liegt im Spätsommer und Herbst.

An der Küste Norwegens gilt das Köhlerfischen als recht sichere Angelegenheit. Steilküsten, hohe Berge und tiefes Wasser beherrschen die Westküste. Tiefe Fjorde wechseln sich mit starken Gezeitenströmen ab und zwischen den Inseln und Klippen rauscht das Meer nur so durch. Hier lebt der Köhler. Große Schwärme von kleineren Seelachsen kommen und gehen mit den Gezeiten, immer auf der Jagd nach kleinen Fischen. Dort kann man auch die wirklich großen Exemplare antreffen, die bis zu zehn Kilo wiegen. Aber in der Regel sind es die Schwärme der bis zu drei Kilo schweren Fische. Man kann sie überall an der Küste fangen, aber Stellen mit starker Strömung sind am aussichtsreichsten. Der Köhler jagt in allen Wasserschichten, kommt jedoch wie die meisten Fische erst in der Dämmerung an die Oberfläche.

Er erscheint mit der Flut. Besonders in der Dämmerung schwimmen sie sehr nah ans Land. An Plätzen mit starker Strömung können Sie den Köhler auf die selbe Weise fangen wie Lachs und Meerforelle im Fluss. Werfen Sie querüber und lassen Sie die Fliege im Strom schwimmen und geben ihr mit der Rutenspitze ein bisschen Leben. Sinktips oder schnell sinkende Schnüre eignen sich am besten. Kommen die Fische an die Oberfläche, können Sie allerdings genauso eine Schwimmschnur nehmen.

Die Fliegen sollten klein und leuchtend sein, mit viel Flash, gerne Imitationen von kleinen Fischen. Auch an der Schwimmschnur sollten Sie beschwerte Fliegen fischen, eventuell Morten's Seelachsfliege. Oft folgt ein Köhler der Fliege aus der Tiefe und beißt dann fast unter der Rutenspitze. Dann ist es wichtig, dass Sie dem Fisch vor dem Anhieb kurz Schnur geben, damit er sich drehen kann und die Fliege nach dem Anschlagen sicher hängt. Köhler erweisen sich in aller Regel als beinharte Kämpfer. Besteht die Möglichkeit zum Bootsfischen, sollten Sie sie wahrnehmen. Denn über tieferem Wasser besteht die Chance auf große Fische.

Ausrüstung

Rute

Jede Fliegenrute fürs Küsten- oder Meerforellenfischen der Klasse 7-8 passt gut für den Köhler. Stellen Sie den großen Köhlern nach, sollten Sie jedoch die Klasse 8-9 wählen.

Rolle

Für das Angeln auf Köhler eignet sich eine salzwasserbeständige Rolle, die Platz für die Fliegenschnur samt 100 Meter Backing bietet.

Besonders in den Gezeitenströmen weiß man nie, was einen erwartet. Hier können sowohl große Köhler, als auch Dorsche, Makrelen, Meerforellen und Lachse zupacken.

Schnur

Sie sollten Keulenschnüre oder Schussköpfe verwenden, da Sie oft sehr weit werfen müssen. Zudem sollten verschiedene Sinkklassen zur Verfügung stehen. Eine schwimmende und eine schnell sinkende dürften jedoch die meisten Situationen meistern.

Vorfach

Wählen Sie ein kräftiges Vorfach mit einer Spitze von 0,30 bis 0,45 Millimeter je nach Situation. Kleine Köhler lassen sich leicht mit 0,30er Monofil bezwingen, jedoch müssen Sie stets mit großen Fischen rechnen. Die Länge des Vorfachs ist nicht so wichtig. Nehmen Sie es mindestens eine Rutenlänge bei den schwimmenden und höchstens eineinhalb mal so lang bei sinkenden Schnüren.

Fliegen

Kleine Fischimitationen sind perfekt auf Köhler. Versuchen Sie ein paar weiße Fliegen aus Pearl- oder Silber-Flash an den Seiten und einem Rücken aus blauen oder grünen Haaren. Binden Sie auch ein paar Epoxidfliegen und ein paar beschwerte Muster in kräftigen leuchtenden Farben.

Bugger Variant (Morten Valeur)

Haken:	Mustad 80400D Größe 2-6
Garn:	weiß
Kopf:	silberne Messingkugel (Goldkopf)
Schwanz:	weißer Polarfuchs, mit ein paar Fasern Pearl-Flash-Dubbing gemischt
Körper:	kingfisherblue Polar-Dubbing mit Pearl-Flash-Dubbing gemischt
Hechel:	Palmerstil, weiße Hahnenhechel

Herings-Streamer (Michael Jensen)

Haken:	Mustad 80400D Größe 2-10 zurecht gebogen (bent back)
Garn:	weiß
Körper:	Flashdubbing in pink
Flügel:	weißes, grünes und blaues Islandhaar (Polarbär oder Ersatz)
Augen:	Wackelaugen oder Puppenaugen

Seelachsfliege (Morten Valeur)

Haken:	Mustad 80400D Größe 2-10
Garn:	rot
Kopf:	goldene Messingkugel (Goldkopf)
Körper:	hinterer Teil flaches Goldtinsel, vorne oranges Mohair-Dubbing
Hechel:	Mylarschlauch in perlmutt

Weißer Streamer (Ed Shenk)

Haken:	Mustad 80400D Größe 2-10
Garn:	weiß
Schwanz:	weißes Marabou mit ein paar Fasern Pearl-Flash-Dubbing
Körper:	weißes Kaninchenhaar in einer Dubbingschlaufe versponnen und gestutzt.
Augen:	Wackel- oder Puppenaugen

Pollack

Traum Pollacks

Seit ich das Buch »Neue Angelreisen« von Jens Ploug Hansen mit seinen Beschreibungen vom Fliegenfischen auf große Pollacks gelesen hatte, wollte ich es unbedingt einmal selbst probieren. In der Bucht von Galway an der Ostküste Irlands erlebten Jens und ein Begleiter, wie Pollacks in sechs bis sieben Meter Wassertiefe raubten. Ein Dutzend Fische fingen sie mit großen Lachsfliegen, die eigentlich nur in die Lachsflüsse tauchen sollten. Die Pollacks ließen sich von den edlen Fliegen nicht abschrecken und bissen oft zu und kämpften äußerst hart. Das größte der kompakten Muskelpakete des Tages wog 3,6 Kilogramm.

✦ ✦ ✦

Verbreitung
Der Pollack (*Pollachius pollachius*) lebt an den meisten nordeuropäischen Küsten, mit Ausnahme des südlichen Teils der Nordsee und den Brackwassergebieten der Ostsee. Er zieht die Küstenregionen vor, meidet aber einen zu geringen Salzgehalt. Deshalb ist er ein Fisch, der sich an der offenen Küste und am Grund tiefer Buchten und Fjorde aufhält.

Aussehen
Der Pollack ist ein Dorschartiger. In der Körperform ähnelt er dem Köhler. Der schlanke kraftvolle Fisch besitzt einen bronzefarbenen Körper, der leicht olivgrün schimmern kann. Der Rücken ist dunkelbraun. Die Seitenlinien sind deutlich markiert und zeichnen einen charakteristischen Schwung über der Brustflosse. Der Pollack kann ein Gewicht von gut zehn Kilo erreichen, vom Ufer aus fängt man man jedoch selten Fische über drei Kilo.

Fortpflanzung
Der Pollack laicht in der Zeit von Februar bis April. Obwohl er ein sehr standorttreuer Fisch ist, laicht er in Tiefen außerhalb unserer Reichweite.

Nahrung
Der Pollack ist ein echter Räuber. Fisch stellt seine Hauptnahrung, aber manchmal fressen sich sogar große Pollacks an kleinen Krebsen wie Krill satt. Jedoch nur dann, wenn dieser in großen Mengen auftritt. Genau wie den Köhler trifft man den Pollack in allen Wasserschichten an. Er scheint jedoch die bodennahen Zonen zu bevorzugen, allerdings ohne wie der Dorsch an sie gebunden zu sein. Die bevorzugte Nahrung des Pollacks sind die Kleinfische, die in der Küstenregion leben: Sandaale und andere Bodenfische, selbst Krabben und die vorbeiziehenden Schwärme von Hering und Sprotte.

Tipp

Sommer und Herbst
Bei uns wird der Pollack nur selten von Land aus gefangen, aber an einigen Stellen der Nordsee trifft man diese Art trotzdem an. Von den irischen und schottischen Klippen oder den nordischen Steilküsten aus stehen die Chancen jedoch wesentlich besser. Besonders an den direkt zum offenen Meer hin gelegenen Steilküsten können Sie das bronzefarbende Kraftpacket erleben.
Nach der Paarung ziehen die Fische im Mai wieder an die Küste. Halten Sie besonders Ausschau nach Gebieten mit viel Tangwuchs. An Küsten, die sehr von den Gezeiten beeinflusst werden, können Sie die Tanggürtel sehr gut sehen, da sie häufig bei Ebbe teilweise freigelegt werden. Den Pollack findet man schließlich oft in der Nähe der Pflanzen.
Mit einer schnell sinkenden Leine können Sie den Köder zu den Fischen hinunter befördern, vorausgesetzt die Strömung ist nicht zu stark.

Sonst warten Sie ab, bis die Flut gestiegen ist und die Stömung sich beruhigt. Bei hoher Flut überschwimmen die Fische den Tanggürtel und suchen dahinter nach Kleinfisch und Krabben. Zusammen mit dem Dorsch folgen sie dem steigenden Wasser. Häufig treten beide Arten gemeinsam auf, was Abwechslung in das Fischen bringt. Den Unterschied zwischen beiden merken Sie sofort nach dem Anhieb. Denn im Unterschied zu seinem behäbigeren Verwandten schießt der Pollack wild umher, reisst Ihnen Schnur von der Rolle und schüttelt sich. Aus dem Wasser springt er jedoch nicht. Aufgrund seines kleineren Mauls liebt der Räuber kleinere Fliegen als der Dorsch. Fischchen-Streamer und Garnelen-Imitationen sind die erste Wahl. Oft folgen die Fische dem Streamer vom Grund hoch bis zur Wasseroberfläche. Ziehen Sie die Fliege dann ruhig schnell die letzten Meter durch die Oberfläche. Oft packt der Pollack jetzt zu. Je schneller die Fliege geführt wird, desto weniger Zeit kann sich der Fisch für das Prüfen des Angebots lassen.

Im Spätsommer und Herbst kann das Pollack-Fischen sehr kurzweilig sein, denn die Heringe sind da und werden unter Land gejagt. Sind die Makrelenschwärme und kleinen Köhler an den Küsten verschwunden, folgt ihnen der Pollack gegen Ende des Herbstes ins tiefere Wasser.

Ausrüstung

Rute
Nehmen Sie eine kräftige Rute der Klasse 8 oder 9 mit viel Kraft im Handteil und etwa 275 bis 305 Zentimeter (9 bis 10 Fuß) Länge. Kohlefaserruten verfügen über große Kraftreserven und ermöglichen weite Würfe.

Rolle
Eine salzwasserbeständige Rolle mit Platz für Schusskopf, 30 Meter Schuss-Schnur und 150 Meter Nachschnur passt ideal für den Pollack.

Schnur
Sie sollten Keulenschnüre oder Schussköpfe verwenden, da Sie oft sehr weit werfen müssen. Am besten eignen sich schnell sinkende Schnüre. Stehen die Pollacks flacher, reicht jedoch eine Intermediate.

Vorfach
Wählen Sie ein kräftiges Vorfach mit einer Spitze von 0,30 bis 0,45 mm, je nach den Hindernissen wie Tangfeldern im Wasser. An der sinkenden Schnur nehmen Sie ein kurzes Vorfach, damit die Fliege der Schnur rasch in die Tiefe folgt.

Fliegen
Ähnliche Muster erwiesen sich ebenfalls als fängig auf Köhler und Dorsch. Binden Sie ein paar Muster in silber und weiß sowie einige in gedämpfteren Farben.

Grauer Silikon (Michael Jensen)

Haken: Mustad 34007 Größe 1/0-4
Garn: weiß
Flügel/ Körper: perlmutt gefärbtes Dubbing und Krystal-Flash-Stränge, der Körper vorne aus zwei Schichten Silikon, in die jeweils zusätzliches Krystal-Flash eingeklebt wird. Auf die erste Schicht wird ein dunkler Rücken mit schwarzem Filzstift gemalt.
Augen: Folienaugen ins Silikon gedrückt und eingeklebt

Lila Nadelfisch (Morten Valeur)

Haken: Mustad 34007 Größe 2-10
Garn: schwarz
Schwanz: lila Ziegenhaar und lila gefärbte Grizzlyhecheln
Hechel: nach hinten gebundene lila gefärbte Grizzlyhecheln
Körper: Epoxidharz
Augen: Puppen- oder Wackelaugen

Weißer Bunny (Michael Jensen)

Haken: Mustad 80400D Größe 2-8
Garn: weiß
Schwanz: ein Strang silbernes Flashabou und ein Streifen weißes Kaninchenfell.
Körper: weißes Kaninchenfell um den Haken gewickelt und gebürstet

Kleine Garnele (Michael Jensen)

Haken: Mustad 80400D Größe 2-10
Garn: weiß
Augen: geschmolzenes Monofil
Antennen: ein paar lange Fasern Krystal-Flash und ein wenig weiße Wollfasern
Körper: Dubbing in pink mit etwas reflektierenden Fasern vermischt
Rückenschild: durchsichtige Folie mit Silikon überklebt

Hornhecht

Vielleicht heute...

Hier draußen ist der Fjordgrund sandig. Die seichten Stellen leuchten im Sonnenlicht und reflektieren den Himmel, es gibt dem Wasser eine schöne türkisgrüne Färbung. Die Möwen suchen im Watt nach freigespülten Borstenwürmern der letzten Flut. Fischadler lauern an den Kanten der Fahrrinne und halten nach Schwärmen kleiner silberner Fische Ausschau. Auf der anderen Seite der Bucht kann ich die Mole sehen, dort sitzt ein halbes Dutzend Angler mit ihren Ruten und harren der Dinge die da kommen. Vielleicht passiert es heute.

Wir waten an der Kante der Fahrrinne. Wie eine dunkle Schlange zieht sie sich durch das Watt. Wir sind hier wegen der Heringe, die sich mit Sicherheit zumindest in der Nähe aufhalten. Es stellt sich nur die Frage, ob sie auf Wurfweite herankommen. Morten fischt mit einer Sinktip-Leine, ich mit einer Intermediate. Wir beide knoten kleine Krebsimitationen ans Vorfach und werfen ohne Pause. Immer wieder lassen wir die Fliegen von der Strömung in die Fahrrinne ziehen und führen sie dann langsam und mit kleinen Zupfern wieder heraus.

Morten reagiert auf etwas, aber nur halbherzig.

»War da was?«, frage ich.

»Vielleicht, aber nur ganz vorsichtig«, antwortet er. »Ich glaube nicht, dass es ein Hering war. Da! Schon wieder... .«

In den nächsten Minuten erhält Morten mehrere Kontakte, aber der Haken hängt einfach nicht. Und ich merke überhaupt nichts.

»Bist du sicher, dass da Fische sind?«, frage ich und suche nach einer plausiblen Erklärung, warum sie ihre Aufmerksamkeit so ungerecht verteilen.

»Ja, aber sie beißen nur, wenn ich ganz runter komme«, erklärt mein Freund und endlich sitzt ein Fisch am Haken. Die Rute biegt sich, während der Fisch sich auf die Strömung zu verlassen scheint. Ich hole die Kamera hervor. Gespannt warte ich auf die Enthüllung des Rätsels, wer denn wohl der mystische Gegner ist. Ich sehe Mortens Vorfach durch mein Objektiv. Warten – so, jetzt steigt der Fisch an die Oberfläche.

»Jetzt kommt er«, sagt Morten.

Ich stelle den Sucher scharf und drücke den Auslöser, während der erste Hornhecht des Jahres aus dem Wasser springt. Morten setzt den Fisch zurück.

»Jetzt sind sie da«, lächelt Morten. »Da unten sind bestimmt noch mehr.«

»Jetzt müssen wir Hering Hering sein lassen«, sage ich und merke, wie die Leine sich streckt und ein Ruck durch die Rute fährt.

»Ein Hornhecht hat meine Fliege am Grund genommen«, rufe ich.

Morten wartet schon mit der Kamera.

Wir haben die Technik schnell durchschaut. Die Fliegen müssen ganz runter in die Rinne. Die ersten Hornhechte schwimmen tief dieses Jahr. Wir lassen die Fliegen von der Strömung hinunter ziehen. Morten fängt mehr Fische, da seine Schnur schneller sinkt und daher rascher den Boden erreicht. Bei mir beißen zwar weniger Fische, jedoch kann ich die meisten haken. Das liegt am direkteren Gefühl in der Schnur. Letzten Endes verteilen sich die Fische dadurch gerecht. Nach einer Stunde setze ich mich ans Ufer und trinke eine Tasse Kaffee. Drüben an der Mole landen die Angler ebenfalls einen Hornhecht nach dem anderen.

Hornhecht

Verbreitung
Der Hornhecht (*Belone belone*) lebt in ständig wandernden Schwärmen und kommt in allen europäischen Meeren vor. Seine Heimat reicht von den Kanarischen Inseln im Süden über die Adria und das Schwarze Meer bis zur nördlichsten Küste Norwegens am Polarkreis. Den Winter verbringt er im tiefen Wasser westlich und südwestlich der Britischen Inseln. Ab etwa Ende April schwimmen sie in die Ostsee.

Aussehen
Der Hornhecht lässt sich nicht mit anderen Fischen verwechseln. Er ist schlank, lang und blitzblank an den Seiten. Der Rücken präsentiert sich blaugrün bis schwarz. Das Maul besitzt die Form eines langen dünnen Schnabels. Die Rücken- und Bauchflossen liegen weit hinten. Der Hornhecht kann bis zu einem Meter lang werden. Meist wird er jedoch mit 60 bis 80 Zentimeter Länge bei einem Gewicht von 600 Gramm bis zu einem Kilo gefangen.

Fortpflanzung
Hornhechte laichen überall an unseren Küsten im Mai und im Juni. Vegetationsreiche Stellen mit Tang und Seegras werden dabei bevorzugt. Mit etwas Glück können Sie beobachten, wie die Fische sich im Kreis drehen und mit lautem Platschen ihre Laichprodukte abgeben.

Nahrung
Der Hornhecht frisst trotz seines raubfischartigen Aussehens hauptsächlich kleine Krebse. Das gilt besonders für den Sommer, da er sich dann in flachen Gewässern aufhält. Den Rest des Jahres lebt er als pelagischer Schwarmfisch, wobei er jetzt eher kleine Fische frisst. Aber dort liegt er außerhalb unserer Reichweite.
Untersuchen Sie bei nächster Gelegenheit einmal den Mageninhalt eines im Sommer gefangenen Hornhechts. Sie werden feststellen, dass er leicht Tobiasfische, kleine Heringe und Sprotten schlucken kann, die Hauptnahrung jedoch aus kleinen Krebsen besteht. Tangläufer, Tangflöhe, Krabben und Mysis sowie der Borstenwurm stehen auf seiner Speisekarte.

Tipps

Frühling und Sommer
Ende April beginnt das gezielte Fischen auf Hornhecht. In Poldern, Sielen und schmalen Meerengen versammeln sich die Schwärme. Angeln Sie mit farbenfrohen Streamern und ruhig in etwas tieferen Wasserschichten. Die Schwärme können sowohl nahe der Oberfläche, als auch in den etwas tieferen Bereichen ziehen. Das Fischen auf den umherziehenden Hornhecht kann an manchen Tagen tolle Fänge bringen. Richtig spannend wird es jedoch erst ein paar Wochen später.
Von Mai bis August kann man den Hornhecht im flachen Wasser treffen und das überall an der Küste. Die Gegenden mit Tang oder Seegras in einem halben bis drei Meter Tiefe sind die produktivsten. Denn hier finden die Hornhechte gute Laich- und Futterplätze. Für das seichte Wasser eignet sich eine Intermediate oder eine schwimmende Schnur am besten. Die Fliegen sollten kleine Krebse imitieren, wobei die Muster ruhig kräftigere Farben als die natürlichen Vorbilder tragen dürfen.
Komme ich ans Wasser, halte ich zunächst Ausschau nach den Hornhechten. Denn sowohl während der Paarung als auch auf der Nahrungssuche weisen sie meist in Form von Wirbeln an der Wasseroberfläche auf ihre Standorte hin. Sehe ich nichts, suche ich einfach die bewährten Stellen ab. Sind Hornhechte zu Hause, reagieren sie in aller Regel rasch auf das Angebot und beißen zu. Allerdings können sie mit ihrem Schnabel genauso nur an die Fliege schlagen oder dem Köder bis unter

die Rutenspitze folgen und dann abdrehen. Sollte dieser kleine Schwertfisch Sie auf diese Weise ärgern, können Sie ihn mit verschiedenen Tricks zum kraftvollen Zubeißen bewegen: Versuchen Sie die Bewegungen der Fliege zu variieren. Stoppen Sie zwischendurch und lassen die Rutenspitze vibrieren. Dann wirkt die Fliege lebendiger. Wechseln Sie zu einer kleineren Fliege oder zu einem Muster mit Goldkopf. Versuchen Sie andererseits einen großen Streamer zu binden mit einer kleinen Tanglaus als Anhängsel, etwa zehn Zentimeter hinter der eigentlichen Fliege. Oder furchen Sie mit einem Minipopper die Oberfläche.

Einer dieser Tipps wirkt in der Regel auch an den schlimmsten Tagen. Manchmal geht es jedoch ganz einfach. Dann müssen Sie die Fliege nur auswerfen und die Fische erledigen den Rest. Hornhechte kämpfen absolut wild. Sie springen aus dem Wasser und tanzen auf ihrer Schwanzflosse über die Oberfläche. Der Hornhecht bietet wirklich einen aufregenden Drill am leichten Gerät. Das Keschern ist in der Regel eine etwas chaotische Angelegenheit, da sich der Hornhecht bis zum letzten Augenblick gegen das Netz sträubt. Jedoch können Sie den Fisch sehr gut mit einem Griff in den Nacken landen.

Nehmen Sie Rücksicht
An fangreichen Tagen sollte sich der Angler etwas bremsen, was die Zahl der mitgenommenen Hornhechte angeht. Der Hornhecht gehört nicht zu den bedrohten Arten – alles deutet darauf hin, daß es jedes Jahr mehr werden – jedoch hat jeder Fisch einen Anspruch auf ordentliche Behandlung und wir sollten ihm Respekt entgegenbringen. Nehmen Sie die Hornhechte mit, die bei ihnen auf den Tisch kommen, und setzen die übrigen schonend zurück.

Ausrüstung

Rute
Es genügt eine leichte Rute der Schnurklassen 5-7 mit einer Länge von 7 bis 9 Fuß.

Rolle
Als Rolle eignet sich jedes salzwasserfeste Modell mit Platz für die Fliegenleine und 50 Meter Backing.

Schnur
Schwimmschnur oder Intermediate reichen aus. Für wandernde Fische in der Tiefe eignet sich eine sinkende Leine manchmal besser. Keulenschnüre oder Schussköpfe sind meine erste Wahl.

Vorfach
Ein Vorfach von dreieinhalb bis vier Meter Länge mit einer Spitze von 0,20 mm passt gut zur Schwimmschnur. Für eine Sinkende können Sie ruhig ein kürzeres Vorfach verwenden.

Fliegen
Die Fliegen können genauso simpel oder kompliziert sein, wie der Angler es möchte. Dem Hornhecht ist es egal, solange die Muster lebendig wirken und die richtige Größe besitzen. Die meisten Hornhechte habe ich mit einem kleinen rostfreien Haken, umwickelt mit ein wenig gelbem, grünem, pinkfarbenem oder blauem Polarfuchs-Dubbing gefangen, mehr nicht. Heute fische ich außerdem mit ein paar Tangläufer-Imitationen, die einen Rückenschild aus Silikon oder Heißkleber tragen. Sie fangen nicht mehr als die kleinen einfachen, sie sehen nur besser aus. Zudem nehme ich immer ein paar Streamer für die ziehenden Fische im tieferen Wasser mit.

Grüner Provo (Morten Valeur)

Haken:	Mustad 34007 Größe 8-12
Garn:	weiß
Schwanz:	grünes Krystal-Flash
Butt:	fluopinkes Chenille
Augen:	Kugelkettenaugen hinter dem Butt gebunden (muss nicht sein)
Körper:	grünes Flashabou-Chenille

Rosa Glimmergarnele (Michael Jensen)

Haken:	Mustad 34007 Größe 8-12
Garn:	weiß
Körper:	pinkfarbenes Flashabou-Chenille
Rücken:	Heißkleber

Das Tier (Morten Valeur)

Haken:	Mustad 34007 Größe 8-12
Garn:	braun
Augen:	Kugelkettenaugen 3-4 mm vor den Hakenbogen gebunden.
Körper:	Dubbing in Dubbingschlaufe verzwirnt, bestehend aus braunem Polardub, orangem Polardub und Pearl-Flashaboudubbing

Helgenæs 3 (Schüler der Helgenæs Naturkundeschule)

Haken:	Mustad 80400 Größe 8-12
Garn:	schwarz
Körper:	olives Flashabou-Dubbing
Hechel:	im Palmerstil gebunden, olive Hahnensattelfeder
Flügel:	oliver Polarfuchs, mit zwei Fasern Ripple-Flashabou in silber auf jeder Seite
Kopf:	schwarz

Makrele

Sommerwetter und Abwesenheit

Mein Schreibtisch ist überfüllt. Unordentliche Papierberge türmen sich. Mitten in diesem Chaos straht mein Computerbildschirm guter Dinge vor sich hin. Es ist brütend heiß in meinem Arbeitszimmer. Ich gehe gerade die Ergebnisse des Tages durch und wähle am Telefon die Wettervorhersage an. Eine nüchterne Frauenstimme erzählt, dass es morgen bis zu 24°C warm werden soll und dass der Wind schwach aus wechselnden Richtungen weht.
Ich rufe Jens an. Er schwitzt gerade über den Hausaufgaben. Wir plaudern etwas und kommen zu dem Ergebnis, dass die Arbeit uns sehr wenig Freizeit lässt.
»Weißt du, was wir machen?«, frage ich ihn.
»Ja«, sagt er ohne zu zögern. »Wir sollten unsere Arbeit liegen lassen und nach ein paar Hornhechten Ausschau halten. Lass uns die Jolle nehmen und morgen eine Tour zur Küste unternehmen.«
Das Wetter ist wie prophezeit ungewöhnlich schön. Der Wind weht schwach, lässt das Wasser aber wie ein Waschbrett aussehen. Wir segeln ein wenig auf dem glitzernden Wasser, mit der Fliege im Schlepptau. Die Hornhechte jagen, aber ziemlich vorsichtig. Sie schubsen die Fliege ein wenig, nehmen sie aber nicht. Jedoch bleibt an den scharfen Haken ab und zu trotzdem mal einer hängen. Wir setzen die Langschnäbel zurück. Jetzt in der Julimitte ist der große Hunger nach Hornhechten bereits gestillt.
Am späten Nachmittag gehen wir an Land, um die Beine ein wenig zu strecken und um im seichten Wasser nach Meeräschen zu suchen. Wütende Strandvögel stürzen sich wie Jagdflieger auf uns, und erst jetzt sehen wir ein paar Nester mit hilflosen Küken zwischen den Steinen. Wir schleichen uns vorsichtig zurück zur Jolle.
Etwas später finden wir ein paar Meeräschen, die in 20 Zentimeter tiefem Wasser im Tang wühlen. Die aufmerksamen Fische sehen uns, bevor wir in ihre Nähe kommen und fliehen so schnell, dass sie Bugwellen durchs Wasser zeichnen.
»Da gehen sie dahin«, konstatiert Jens und schüttelt nachdenklich den Kopf.
Ich werfe die Fliege aus und versuche das Ufer abzusuchen. Doch Jens hatte Recht, die Fische sind weg.
»Lass uns mal ins tiefere Wasser fahren, vielleicht sind Makrelen da«, sagt Jens optimistisch.
Ich montiere eine schnell sinkende Leine mit zwei Crazy Charlys am Vorfach: eine pinkfarben, die andere weiß. Jens wirft einen Blinker mit ein paar Makrelenfliegen in die gleiche Richtung wie ich meine Fliegenschnur und steuert uns weg von der Küste.
Während die Sonne sich tiefrot färbt, fangen wir den letzten Hornhecht des Tages. Plötzlich tanzt die Spitze von Jens´ Rute mit wilden Vibrationen.
»Heute gibt es Makrele«, ruft er freudig und zieht gleich drei der kleinen, gestreiften Schluckspechte ins Boot. Ein paar Minuten später beißt auch bei mir etwas, ebenfalls zwei. Die Fische sind klein. Aber es sind die ersten dieses Jahr. Und vor uns liegt noch ein langer Sommer. Mit goldenen Sonnenuntergängen an der Nordsee und hoffentlich mit diesen kleinen Muskelpaketen an der Angel.
Ich freu mich drauf.

Makrele

Verbreitung

Die Makrele (*Scomber scombrus*) ist eigentlich ein Warmwasserfisch, der im Sommer an der atlantischen und der Nordseeküste auftaucht sowie im Norden, ganz hoch bis zum

Nordkap. Die Fische überwintern im tiefen Wasser der Nordsee. Makrelen erreichen die norwegische Südküste im Mai und die dänischen Küsten im Juni und Juli. Im September verlassen sie unsere Küsten wieder und wandern zu ihren Winterplätzen.

Aussehen
Die Makrele stellt das Musterbeispiel des schnellen Meeresjägers dar. Der Körper besitzt die Form eines Torpedos und läuft in einer schlanken Schwanzwurzel auf. Der Schwanz ist tief gegabelt. Der Rücken zeigt sich blaugrün mit dunklen, gewellten Bändern. Die Seiten schimmern wie Perlmutt in blauen, weißen und rosa Nuancen. Die Brust ist weiß. Die Durchschnittslänge der Makrele beträgt in der Regel 30-40 Zentimeter bei einem Gewicht von gut einem Kilo. Das Rekordgewicht für Makrelen liegt jedoch bei gut dem Dreifachen.

Fortpflanzung
Wenn die Makrelen in Frühsommer in unsere Gefilde kommen, geschieht dies unter anderem zur Fortpflanzung. Sie laichen in den oberen Wasserschichten und immer nah an der Küste.

Nahrung
Nach der Paarung ist die Makrele unheimlich hungrig. Wie im Rausch jagen sie alles, was in ihr Maul passt. Besonders müssen kleine Heringe, Sandaale und Sprotten darunter leiden. Makrelen sind aber nicht weiter wählerisch. Sie fressen genauso die Jungen anderer Fische, so Jungdorsch und kleine Plattfische.

Tipps

Sommer und Herbst
Die Makrelen lassen sich selbst mit der Fliege leicht fangen, sofern der Angler sie findet. Manchmal jagen die Räuber bis in die Hafenbecken hinein. An der Westküste passiert dies, wenn alle Verhältnisse stimmen. Auflandiger Wind, die richtige Wassertemperatur, Strömung und die Anwesenheit von Kleinfischschwärmen sind hierfür ausschlaggebend. Man muss sich eigentlich sehr gut mit den Örtlichkeiten auskennen oder besser noch vor Ort wohnen, damit der Köder zur richtigen Zeit am richtigen Fleck ins Wasser taucht.
Von Molen und Wellenbrechern aus lassen sich genauere Voraussagen treffen, wann die Schwärme eintreffen. Nach längerer Zeit mit Landwind wird das kühle, sauerstoff- und nahrungsreiche Grundwasser an die Küste gespült. Schwärme von Heringen und Sprotten folgen diesem Wasser und ihnen jagen die Makrelen hinterher. Juli und August sind die besten Monate für Makrelen. Steht Ihnen ein Boot oder Kajak zur Verfügung, sollten Sie vor die Küste fahren und dort die Schwärme suchen. Allerdings muss Vorsicht dabei das oberste Gebot sein, weshalb Sie vor der Ausfahrt aufs Meer grundsätzlich die Wettermeldungen beachten sollten.
Die Dämmerung ist für den Angler die beste Zeit des Tages. Sowohl vom Strand als auch vom Boot aus erzielen Sie mit sinkenden Schnüren die besten Resultate. Wenn Sie die Makrelen im offenen Meer finden, sollten Sie einfach nur die Fliegenschnur etwas schneller einholen. Zu schnell kann es eigentlich nicht gehen, da Makrelen den Köder garantiert einholen.
Treffen Sie auf Schwärme mit kleinen Makrelen, können Sie zwei Fliegen an Ihr Vorfach binden. Geht es auf große Fische, empfiehlt sich dagegen nur eine Fliege. Denn die Makrele ist ein phantastischer Kämpfer und zwei große Fische an einem Vorfach können rasch zum Verlust beider Fische führen.

Ausrüstung

Rute
Eine kräftige Rute der Schnurklasse 7 bis 9

passt gut zum Makrelenfischen. Die schweren Schnüre und die großen Fliegen lassen sich damit gut werfen.

Rolle
Eine kräftige salzwasserbeständige Rolle, die Platz für den schweren Schusskopf, 30 Meter Schuss-Schnur und 100 bis 150 Meter Nachschnur bietet.

Schnur
Ein paar Schussköpfe oder Keulenschnüre gehören ins Gepäck des Makrelenfischers, je nach Wassertiefe sowohl schnell sinkende Leinen als auch Intermediates.

Vorfach
Nehmen Sie ein kurzes kräftiges Vorfach für alle Sinkschnüre. Eine Rutenlänge reicht dabei für die Intermediate. Ein kürzeres für die schnell sinkende Leine. Der Spitzendurchmesser beträgt 0,30 bis 0,40 mm.

Fliegen
Jede Fischimitation kann Makrelen fangen. Versuchen Sie trotzdem besonders Upside-Down-Muster und eventuell ein paar Silkonfliegen. Weiße und rosa farbene Muster erwiesen sich als sehr fängig.

Glitter Charlie (Michael Jensen)

Haken:	Mustad 80400D Größe 4-8
Garn:	weiß
Körper:	Flashabou-Dubbing in pink
Flügel:	rosa Polarfuchs gemischt mit pearl Flashabou-Dubbing
Augen:	Bleiaugen
Kopf:	pearl Flashabou-Dubbing

Heringsklon (Michael Jensen)

Haken:	Mustad 34007 Größe 6-12
Garn:	weiß
Flügel/ Körper:	weiße Schafwolle mit silbernem Flashabou-Dubbing. Der Kopf ist mit zwei Schichten Silikon bedeckt. Dazwischen streut man etwas Silberglitter.
Augen:	Folienaugen werden zwischen die Silikonschichten geklebt.

Crazy Charlie Variante (Michael Jensen)

Haken:	Mustad 34007 Größe 6-12
Garn:	rot
Schwanz:	pearl Flashabou
Körper:	silberner Glitzer Body
Flügel:	weißer Polarfuchs, mit ein paar Fasern pearl Flashabou-Dubbing
Augen:	Große Kugelkettenaugen

Kingfisher Fox (Michael Jensen)

Haken:	Mustad 80400D Größe 6-12
Garn:	fluorot
Körper:	fluoreszierend roter Bindedraht, bedeckt mit Perlmutt-Tinsel
Hechel:	weißer Polarfuchs
Flügel:	ganz unten grünes Organza, darauf silbernes Krystal-Flash und ganz oben Polarfuchs in kingfisherblue.

Hering

Hering

Der Hering ist nicht gerade das spannendste Ziel für den Fliegenfischer. Nichtsdestotrotz nehmen sie gerne Fliegen. Der Spinnangler muss schließlich genauso zu kleinen Fliegen greifen, um den Hering zu fangen – und nichts anderes sind die blanken Goldhaken. Mit Fliegenrute und sinkender Schnur können Sie also ebenfalls Heringe fangen, aber selbstverständlich nur dann, wenn Sie sie aufspüren können.

Verbreitung
Der Hering (*Clupea harengus*) lebt als typischer nordeuropäischer Fisch an allen unseren Küsten, auch in der Ostsee. Sie befinden sich selten im flachen Wasser. Aber dort, wo tiefes Wasser auf die Küste trifft, bestehen zur richtigen Zeit gute Aussichten auf Hering.

Aussehen
Lebende Heringe zählen zu den schönsten Geschöpfen im Meer. Der Rücken ist blauschwarz, die Flanken schimmern blank perlmuttfarben und die Brust ist weiß. Fällt Licht auf den Fisch, leuchtet er in blaugrünen und rosa Tönen. Der tote Fisch verliert schnell an Farbe. Die Heringe gibt es in verschiedenen geografischen Stämmen, die sehr in der Größe variieren. Die meisten Heringe an der Küste sind 20 bis 30 Zentimeter groß. Die maximale Länge liegt bei etwas über vierzig Zentimeter.

Fortpflanzung
Die verschiedenen Stämme laichen zu verschiedenen Zeiten. An unseren Küsten läuft die Eiablage der meisten Heringe im Frühling. Oft sind die Plätze bekannt, da sie immer wieder dorthin kommen.

Nahrung
Der Hering ist ein pelagisch (im Freiwasser) lebender Planktonfresser. Seine Nahrung besteht aus kleinen Krebstieren, wie Tangflöhen, Schwimmschnecken, Krebstierlarven und anderen frei schwimmenden Kleinlebewesen. Sie jagen primär mit Hilfe ihrer Augen, und deshalb nur tagsüber.

Tipps

Frühling, Sommer und Herbst
Das Fliegenfischen auf Heringe ist eine ziemlich einfache Sache. Es geht eigentlich nur darum, die Fischschwärme zu finden. Doch das kann sich manchmal recht schwierig gestalten. Die Heringsschwärme sind in ständiger Bewegung. Darum sollte der Angler in der Lage sein, ihnen in einem Boot zu folgen.
Nur selten gehe ich von zu Hause mit dem festen Vorsatz los, jetzt gezielt Heringe zu fangen. Vielmehr führe ich meistens ein paar glitzernde Krabben in meiner Fliegenbox mit, falls sie auftauchen. In der Regel benötigen Sie eine sinkende Schnur, um an die Heringe zu gelangen. An dunklen trüben Tagen kommen die Fische näher an die Oberfläche, dann leistet auch eine Intermediate gute Dienste.
Die Heringe folgen den Bewegungen der Planktontiere. Sie tauchen bei Helligkeit tiefer und streben näher an die Oberfläche, wenn das Licht schwach ist. Nehmen Sie eine leichte Rute und binden ans Ende des Vorfachs eine kleine Krebstierimitation.
Werfen Sie aus und warten, bis die Schnur abgesunken ist. Erst dann zupfen Sie sie wieder mit kleinen Rucken langsam ein. Dabei hüpft die Fliege verführerisch durch die Tiefe. Beißt ein Hering, drillen Sie ihn langsam heran. Erwarten Sie keinen spannenden Kampf. Die Kunst ist es, den Fisch ins Trockene zu bekommen, ohne dass er ausschlitzt. Mit etwas Routine können Sie nach dem Biss des ersten Fischs noch auf einen zweiten warten und mit etwas Glück beide landen. Versuchen Sie lieber nicht die fertig käuflichen Heringsvorfächer mit vier oder fünf Seitenarmen. Das geht schon beim Werfen schief. Mit einem Boot gestaltet sich das Fischen etwas einfa-

cher, an manchen Stellen können sie jedoch genauso gut von Land aus fischen.

Ausrüstung

Zum Heringsfischen passt jede Fliegenrute mit einer sinkenden Schnur auf der Rolle. Das Vorfach sollte kurz und die Spitze 0,20 mm stark sein.

Fliegen

Ein kleiner blanker Haken kann die Heringe bereits zum Anbiss verleiten. Etwas ausgefeiltere Versionen können Sie aus ein paar Flashabou-Fibern in silber oder perlmutt binden. Kleine Mysisfliegen fangen ebenfalls gut.

Pink Provo (Morten Valeur)

Haken:	Mustad 34007 Größe 8-12
Garn:	weiß
Schwanz:	pinkfarbenes Krystal-Flash
Butt:	Chenille in fluopink
Augen:	Kugelkettenaugen werden vor den Butt gebunden (muss nicht sein)
Körper:	pinkfarbenes Flashabou-Chenille

Dream Fly (Morten Valeur)

Haken:	Mustad 34007 Größe 8-12
Garn:	weiß
Körper:	flaches Mylartinsel
Augen:	Kugelkettenaugen aus durchsichtigem Plastik
Flügel:	ein paar Fibern pearl Krystal-Flash

Flash Animal (Morten Valeur)

Haken:	Mustad 34007 Größe 8-12
Garn:	weiß
Augen:	Kugelkettenaugen, werden 3 bis 4 mm vor den Hakenbogen eingebunden
Körper:	weißes Kaninchen mit pearl Flash-Dubbing in Dubbingschlaufe versponnen

Meeräsche

Diese Meeräschen

Es lief gut heute Abend. Richtig gut. Eine Gruppe alter Angelfreunde hatte sich getroffen. Eigentlich war es Martin, der uns zusammengetrommelt hatte. Zu einem Wochenende mit Ehefrauen, Freundinnen, Kindern, Essen und gutem Whisky. Es gibt einen guten Grund, warum alle kommen, wenn Martin einlädt. Denn eine Minute von seiner Haustür entfernt rollen die Wellen des Kattegat an den schönsten Strand, den man sich nur vorstellen kann. Und dahin zieht es jetzt die Truppe. Ich bin nach einem etwas harten Abend trotzdem nicht gerade dazu bereit, heute die ganz großen physischen Leistungen zu vollbringen. Genau so geht es Hansen. Also setzen wir uns in eine Düne und genießen das Rauschen der Wellen, das Licht und den Beginn des Herbstes. Es ist schön, die Seeluft zu spüren. Die anderen angeln weiter unten am Strand. Wir trinken eine Tasse Kaffee und unterhalten uns ein bisschen. Über Lappland, große Forellen, kleine Rotaugen, das Binden von Fliegen und andere wesentliche Dinge, als ein Schmatzen auf dem Wasser uns unterbricht. Ein Fischschwarm nimmt etwas von der Wasseroberfläche.

»Das sind wohl ein paar kleine Fische«, schätzt Hansen.

Wir betrachten die Fische nachdenklich, während wir weiter reden. Und wir versuchen sie zu ignorieren, aber sie schmatzen weiter.

»Ich glaube nicht, dass sie so klein sind«, sage ich. »Aber was machen ein paar große Forellen so nah an der Küste, und das mitten am Tag?«

»Lass es uns doch versuchen«, meint Hansen.

Wir sitzen ein paar Minuten ganz ruhig und beobachten die Fische, dann konstatiert Hansen: »Sie bleiben tatsächlich hier«.

»Vielleicht kommen die anderen gleich zurück, dann können sie einen Versuch wagen.« Wir blicken den Strand entlang, unsere Freunde sind jedoch nicht mehr zu sehen. Die Fische schmatzen weiter. Sie saugen etwas Kleines von der Oberfläche. Wenn wir nicht an der Küste wären, hätte ich an Karpfen gedacht, die Mücken von der Oberfläche saugen. Aber hier am Meer bin ich ratlos.

Ich bin mir sicher, dass ich das schon einmal gesehen habe. Krampfhaft versuche ich mich zu erinnern, dann weiß ich plötzlich, wo und vor allem was es war.

»Das sind Meeräschen«, murmle ich.

»Die schmecken gut«, sagt Hansen. Er nimmt das Angeln nicht ernster, als einen Gang zum Fischhändler.

»Hast du sie schon mal gegessen?«, frage ich.

»Na klar, schon ein paarmal. Glaubst du, wir können die da fangen?«, fragt er und zeigt sichtlich munterer als zuvor auf die schmatzenden Fische.

Wir probieren alles Mögliche: Küstenfliegen, Spinner, Blinker und alles, was die Köderschachtel sonst noch hergibt. Manchmal folgt ein Fisch einem Spinner, beißt jedoch nicht. Dafür nehmen die Meeräschen immer noch irgend etwas Kleines von der Oberfläche.

»Was zum Teufel können die hier schon fressen, hier gibt es doch nur Tang«, sprudelt es aus mir heraus und ich falle zurück in meine Ratlosigkeit. Hätte ich doch meine Trockenfliegen dabei. Hansen gibt ebenfalls auf. Als die anderen zurück kommen, reden wir ein wenig über diese merkwürdigen Meeräschen. Martin hat schon mal eine gefangen, mit einem riesigen roten Streamer. Das schieben wir sofort als Glück ab und Martin gibt uns da auch Recht. Er hat es seitdem nämlich schon oft versucht, aber ohne Ergebnis.

Ein halbes Jahr später sitze ich an einem Strand oben am Limfjord und plaudere mit einem anderen guten Freund. Jens ist, außer einem sehr langbärtigen und guten Fischfotografen, ein wanderndes Lexikon für alles, was mit Angeln zu tun hat. Unsere Unterhaltung

führt zur Meeräsche, diesem geheimnisvollen Fisch, der mir im Kopf herumspukt.
»Weißt du was«, sagt Jens. »Ich habe zu Hause einen Film über ein paar Engländer, die einige effektive Methoden zum Fangen der Meeräschen gefunden haben, mit der Spinnrute und mit der Fliege.«
»Darf ich ihn leihen?«, frage ich eindringlich. Ein paar Tage später bekomme ich den Film und er verhilft mir dazu, einige Puzzleteile in das Bild von der mystischen Meeräsche auf den richtigen Platz zu legen.

✦ ✦ ✦

Meeräsche

Die Meeräsche zählt zu den wandernden Fischen. Sie ist groß, scheu und stark – ein würdiger Gegner, selbst für die anspruchsvollsten Fliegenfischer. Machmal geht die Meeräsche zufällig an den Haken, in der Regel beim Fischen auf Meerforellen. Trotz großen Anstrengungen gelang es bislang den wenigsten Anglern, das Rätsel um die Meeräschen an unseren Küsten zu lösen. Die beiden englischen Meeräschenfanatiker sind dabei näher dran als die meisten anderen. Ich werde ihre Techniken in dem Kapitel Tipps erklären.

Verbreitung

Die Familie der Meeräsche zählt etwa hundert Arten. Die meisten von ihnen leben in den tropischen und wärmeren Meeren. Die Arten, die im Sommer bis an die Nordseeküsten schwimmen, kommen aus dem Mittelmeer oder dem Schwarzen Meer. Erwärmen sich unsere Gewässer, kommen sie zu uns auf Nahrungssuche. Die Meeräschen leben immer in Küstennähe, gerne im flachen, von der Sonne erwärmten Wasser. Außerdem haben sie eine Schwäche für Brackwasser. Die Mündungen von Wasserläufen und flache Buchten ziehen sie magisch an. Sie sind nicht zu zart besaitet und wandern auch in verunreinigtes und trübes Wasser. Drei Arten kennt man in unseren Gewässern. Es geht um die Dicklippige Meeräsche *(Chelon Labrussus)*, die am häufigsten auftritt, dann die Dünnlippige Meeräsche *(Liza ramada)* und die Goldmeeräsche *(Liza aurata)*, die bei uns sehr selten vorkommt.

Aussehen

Die dick- und dünnlippigen Meeräschen sind die einzigen Arten ihrer Familie, auf die wir regelmäßig an unseren Küsten stoßen. Beide sehen sich aus der Entfernung zum Verwechseln ähnlich. Es sind große, blanke Fische. Die Körperform erinnert an das Rotauge, jedoch ist die Meeräsche viel größer und kräftiger gebaut. Der Rücken präsentiert sich stahlgrau, besonders bei der dickgelippten. Die Brust ist weiß. Die Goldmeeräsche schimmert golden unter einem bräunlichen Rücken. Die Meeräschen tragen zwei Rückenflossen, wobei die vordere Stachelstrahlen besitzt. Der Unterschied zwischen den zwei grauen Meeräschenarten lässt sich aus der Nähe betrachtet recht einfach feststellen. Die Dicklippige hat dicke, aufgeschwollen wirkende Lippen mit unregelmäßigen Reihen von Hautverdickungen. Die Dünngelippte besitzt dünne Lippen ohne Unregelmäßigkeiten. Das Höchstgewicht der Meeräschen liegt bei etwa fünf Kilo. Der dänische Rekord wurde 1984 in Nord Seeland mit der Fliege gefangen, wobei der Fisch genau fünf Kilo auf die Waage brachte.

Fortpflanzung

Die Biologen wissen nur sehr wenig über die Paarung der Meeräschen. Bekannt ist nur, dass sie im Sommer in den südlichen Gefilden stattfindet. Die Meeräschen, die zu uns kommen, suchen hier nur Futter.

Bikuben

Nahrung
Die Meeräschen sind keine Vegetarier, wie viele Angler glauben. Sie nimmt vielmehr eine sehr gemischte Kost zu sich, die aus Algen und allen möglichen Kleintieren besteht wie kleine Krebse, Muschellarven, Krebslarven, Fischeier und Jungfische. Außerdem fressen sie gerne Fischabfälle. In Häfen sammeln sie sich an den Stellen, an denen das Schmutzwasser der Fischhallen ins Meer läuft. Oder an Fischkuttern, die Fischreste von Deck spülen.

Tipps

Sommer und Herbst
Meeräschen schwimmen nahe an der Küste. Das macht sie zu einen guten Ziel für Fliegenfischer. Da sie sich außerdem gerne an der Oberfläche aufhalten und eine stattliche Größe besitzen, lassen sie sich kaum übersehen. Ich habe sie schon unzählige Male getroffen und mit allen Mitteln versucht, sie zu fangen, aber alles ohne großen Erfolg. Ich habe die gleiche Geschichte von vielen anderen Anglern gehört. Geschichten über vermeintliche Meerforellen, die kleine Insekten von der Oberfläche saugen, aber der künstlichen Fliege aus dem Weg gehen. Solche Meerforellen habe ich noch nie getroffen, und deshalb denke ich, dass die Angler in den meisten dieser Fälle den Meeräschen gegenüber standen. Manche Fliegenfischer konnten Meeräschen mit Streamern, Krabbenimitationen und klassischen Nassfliegenmustern, wie der Red Tag, fangen. Aber die Fänge waren wohl eher zufällig. Die Meeräschen nehmen ihre Nahrung von der Oberfläche oder knapp darunter. Manchmal schwimmen große Schwärme mit Tieren zwischen zwei und fünf Kilo die Küste stundenlang auf und ab, wobei sie offenbar auf etwas warten. Und manchmal nehmen sie dann etwas von der Oberfläche. Aber worauf warten sie? Die Antwort auf diese Frage muss man an Land suchen.
Denn kommen Sie an einem Spätsommertag an die Küste, bemerken Sie zunächst den scharfen Geruch des verrottenden Tangs. An einigen Küsten liegt davon ein breiter Gürtel. Gerade nach einem kräftigen Sturm können tonnenweise Pflanzenreste am Ufer liegen, und das auf einer kurzen Strecke. Diese große Biomasse ist der Komposthaufen der Natur. Millionen von kleinen Kreaturen arbeiten daran, ihn zu zersetzen. Wenn Sie in dem Komposthaufen in Ihrem Garten graben, finden Sie Regenwürmer, Kompostwürmer, Käfer und viele andere Organismen. Drehen Sie den Salzwasserkompost um, finden Sie genau so viele kleine Tiere wie Tangflöhe, Würmer und vor allem eine ungeheure Menge weißer Maden. Jeder begeisterte Strandgänger kennt diese kleinen schwarzen Fliegen, die sich auf den ganzen Körper setzen. Diese Tiere sind eine Plage für die Sonnenanbeter am Strand, aber ein Segen für die Meeräschen. Denn die Tangfliege *(Ceolopa frigida)* legt ihre Eier in den Kompost, und an warmen Tagen entwickeln sie sich in Rekordzeit zu Maden, die sich durch ihre Umgebung fressen. Und genau wegen diesen Maden patrouillieren die Meeräschen am Ufer entlang und warten darauf, dass das Wasser zumindest ein wenig steigt.
Denn dadurch werden die Tanggürtel überschwemmt, vielleicht nur teilweise, vielleicht aber auch ganz. Die meisten Organismen nehmen keinen Schaden von ein wenig Salzwasser, auch die Maden nicht. Sie haben jedoch ein Problem. Da sie leichter sind als Wasser, werden sie an die Oberfläche und mit dem Strom und den Wellen ins Meer gespült. Aber in der Regel kommen die blassen Tierchen nicht weit, denn auf sie warten bereits die Meeräschen. Mit einem zufriedenen Schmatzen der dicken Lippen holen sie die schiff-

brüchigen Maden von der Oberfläche.
Wie können wir nun dieses Wissen für uns nutzen? Ganz einfach. Sie nehmen eine Rute, eine schwimmende Leine, ein langes Vorfach mit dünner Spitze und werfen eine kleine Madenimitation zu den wartenden Meeräschen. Fischen Sie vor dem Ansteigen des Wassers, ist das noch besser. Sie nehmen eine kleine Handvoll Tang und werfen ihn aufs Wasser, die kleinen Maden werden dann eine Spur zu Ihrer Rutenspitze ziehen. Sorgen Sie dafür, dass die Spur bestehen bleibt. Sobald keine Maden mehr vorhanden sind, sollten Sie eine weitere Handvoll Tang ins Wasser werfen. Wenn das mit dem Füttern an Ihrer Ehre als Fliegenfischer knabbert, müssen Sie eben auf das steigende Wasser warten.
Der Engländer Mike Ladle, der diese Techniken erfunden hat, ist da weniger puristisch. Wenn die Fische mal wieder nicht wollen, setzt er eine der Maden auf die Hakenspitze der Fliege. Das erhöht die Chancen auf einen Fang etwa um den Faktor Zehn. Ich glaube aber trotzdem, daß ich da dann doch lieber nur jede zehnte Meeräsche fange. Aber das soll jeder Fischer für sich selbst bestimmen. Meeräschen, die an steinigen Molen oder Ähnlichem grasen, lassen sich auf die gleiche Weise locken. Man kann sie auch mit Imitationen von Krebsen und Algen fangen, solange sie klein genug sind. Aber die kleinen Weißen sind die Nummer eins. Wenn die Meeräschen ins tiefe Wasser ziehen, hilft ein Bissanzeiger ungemein dabei, einen schnellen und sicheren Anhieb zu setzen.

Ausrüstung

Rute
Die Fliegenrute sollte für die kräftige Meeräsche nicht zu leicht sein. Eine Rute von 9 Fuß in der Schnurklasse 7-8 reicht jedoch aus.

Rolle
Eine salzwasserbeständige Rolle, die außer der Fliegenleine noch mindestens 100 Meter Nachschnur aufnimmt, passt für das Meeräschen-Fischen. Da man Meeräschen fast immer im Flachen hakt, fällt die erste Flucht manchmal recht lang aus.

Schnur
Auf Meeräschen benutzen Sie am besten eine Schwimmschnur. Es wird oft mit Trockenfliegen gefischt, wenn man die Fische sieht. Sie kann aber genauso als Bissanzeiger dienen, wenn die Fische die Fliege unter der Ober-

fläche nehmen. Ob Sie Keulenschnüre oder doppelt verjüngte Leinen verwenden, spielt in der Regel keine Rolle.

Vorfach

Meeräschen sind scheue Fische. Darum sollte die feine Spitzenstärke zwischen 0,15 bis 0,25 mm liegen. Andererseits kann die feine Schnur im Drill zu Problemen führen. Denn im Drill kommt die Meeräsche wie kein zweiter Fisch in unseren Gewässern dem wild kämpfenden Bonefish recht nahe. Die Meeräsche ist ebenfalls ein starker und blitzschneller Fisch, der Ihnen im Handumdrehen die Vorfachspitze zerlegen kann.

Das Problem lässt sich mit einem Schockabsorber aus Gummi lösen, den Sie ins Vorfach einbinden. Das Vorfach sollte lang sein, am besten eineinhalb bis zwei Rutenlängen.

Fliegen

Meeräschen fressen relativ kleine Nahrung. Darum sollten die Fliegen eine entsprechende Größe besitzen. Gute Madenimitationen lassen sich herstellen, indem Sie etwas Schaumplastik an einen Trockenfliegenhaken im Bereich der Größen 8-14 kleben. Binden Sie auch ein paar kleine grüne Fliegen, die abgerissenen Algenstücken ähneln. Runden Sie das Ganze mit ein paar kleinen Krebsimitationen ab.

Maddiken (Mike Ladle)

Haken:	Kamasan B175 Größe 8-14
Garn:	weiß
Körper:	weißer Schaum wird auf den Haken gebunden oder geklebt.
Augen:	schwarzer Lack

Seesalat (Michael Jensen)

Haken:	Mustad 80050BR Größe 8-12 upside-down gebunden
Garn:	oliv
Körper:	olivfarbenes Marabou um den Haken gebunden
Flügel:	olivfarbenes und kingfisherblaues Marabou mit ein paar Fasern pearl Flashabou-Dubbing

Sili Maddike (Michael Jensen)

Haken:	Mustad 34007 Größe 10-12
Garn:	weiß
Körper:	weißes Dubbing mit Silikon bedeckt

Meeräschen-Fliege (Michael Jensen)

Haken:	Mustad 80250BR Größe 10-14
Garn:	oliv
Körper:	limonenfarbenes Flashabou um den Haken gebunden
Hechel:	im Palmerstil aus einer Grizzly-Hahnenhechel
Kragen:	Silberne Paillette

Wolfsbarsch

Strangers in the Night

Fast möchte ich mich als besessen vom Wolfsbarsch bezeichnen. Denn den letzten Jahren gab es im Sommer zwar immer wieder Fangmeldungen, jedoch war ich stets mit irgend etwas angeblich Wichtigerem beschäftigt. Doch dieses Jahr sieht es anders aus. Jetzt kann er kommen, der blanke Barsch der Brandung. Ich habe meine Hausaufgaben gemacht. Jetzt muss die Praxis folgen. Ich habe den ganzen Winter dazu benutzt, ausländische Fachliteratur und heimische Tiefenkarten zu studieren. Mit roten Punkten markierte ich sämtliche Stellen, an denen der Barsch häufig auftaucht. Lange Gespräche mit Berufsfischern vor Ort brachten schließlich letzte Klarheit über die richtigen Plätze. Ich kenne die Ansprüche des Räubers an seine Umwelt, seine Biologie, seine Jagdreviere, seine Nahrung, und die Fliegen liegen ebenfalls bereit – ein paar Fischimitationen, Tintenfische und ein verführerischer Borstenwurm. Jetzt müssen nur noch die ersten Schwärme die Küste entlang ziehen.

✦ ✦ ✦

Wolfsbarsch

An den Küsten der Britischen Inseln ist der Wolfsbarsch die bevorzugte Beute der Angler. Die Brandung bietet hier besonders gute Jagdgebiete für dieses maritime Mitglied der Barschfamilie. In den letzten Jahren tauchte er auch an den skandinavischen Küsten auf.

Verbreitung
Der Wolfsbarsch *(Dicentrarehus labrax)* wird auch als See- oder Meerbarsch bezeichnet. Es ist eine südliche Art, genau wie die Meeräsche. Er lebt er hauptsächlich im Schwarzen Meer, dem Mittelmeer und an der Küste des Atlantiks. Von Marokko über die Biskaya bis zu den Britischen Inseln und vor die niederländische Küste erstreckt sich sein Verbreitungsgebiet. Im Sommer ziehen einige Bestände an die dänischen, schwedischen und norwegischen Küsten. Bis Tromsø im Norden und zum Oeresund im Osten gibt es den Wolfsbarsch, wenn auch nicht gleichmäßig verteilt. Die Brandung an der Küste bildet sein bevorzugtes Jagdrevier. Da er jedoch Wärme benötigt und auch im Brackwasser gut leben kann, findet man ihn genauso an vielen anderen Stellen. Auf den Britischen Inseln trägt ihn die Flut oft ein Stück die Flussläufe hoch.

Aussehen
Mit seiner länglichen Körperform ähnelt der Wolfsbarsch einer silbernen Kreuzung zwischen Zander und Barsch. Er besitzt wie sie zwei getrennte Rückenflossen, die vordere mit Stachelstrahlen bewehrt. Der Rücken ist blaugrau, die Seiten schimmern silbern und die Brust weiß. Die maximale Größe beträgt etwa zehn Kilo, aber so große Exemplare wurden noch nie in unseren Breiten gesichtet. An ein paar Stellen allerdings treffen sich jedes Jahr einige Wolfsbarsche, wie am Barsebäck in Schweden, in der Nähe des Fornebu Flughafens in Norwegen und am Blåvandshuk in Dänemark. Die Fische wiegen hier zwischen drei und sechs Kilogramm.

Fortpflanzung
Der Meerbarsch laicht im Mittelmeer vom späten Winter bis März. Bei den Britischen Inseln beginnt die Eiablage etwas später zwischen März und Juni. Erst danach tauchen sie offensichtlich bei uns auf.

Nahrung
Der Wolfsbarsch ist ein echter Raubfisch. Er jagt hauptsächlich Heringe, Tobiasfische,

Sprotten und andere kleine Schwarmfische. Außerdem hat er eine Schwäche für Tintenfische und Borstenwürmer.

Tipps

Sommer und Spätsommer

Nicht jedes Jahr treffen große Wolfsbarsch-Schwärme bei uns ein. Die ersten regelmäßigen Besuche gab es bei uns in sehr warmen Sommern. Es herrscht also kein Zweifel, dass dies für ihn eine große Bedeutung besitzt. Trotzdem wurde der Wolfsbarsch in der letzten Zeit eigentlich jedes Jahr gefangen, also folgen sie einmal entdeckten Routen. Die Saison beginnt im Juni oder Juli und erreicht ihren Höhepunkt erst im Spätsommer. Das dürfte an der Tatsache liegen, dass unser Wasser Ende August am wärmsten ist. Die bevorzugten Jagdreviere sind die Küsten mit starker Brandung, in der die Wolfsbarsche zwischen Steinen und Sandbänken jagen. An den offenen Küsten, wie der Westküste Jütlands, patrouillieren kleine Gruppen von größeren Tieren im ruhigeren Wasser etwas weiter draußen. Die kleineren Fische von 0,5 bis einem Kilo stehen nah an der Küste und gehen an der Oberfläche auf Nahrungssuche. Barsche jagen am liebsten in der Dämmerung und bei Hochwasser. In Irland, wo die Wellen oft weit auf den Strand schlagen, können die Fischer ihre Köder sogar an Land platzieren. Der Wolfsbarsch kann sich mit einer Welle an Land spülen lassen, zubeißen und dann mit dem zurücklaufenden Wasser wieder ins Meer gleiten.
Zum Absuchen der Brandung mit großen Streamern benötigen Sie eine sinkende Schnur. Eine andere würde von den Wellen hin und her geworfen werden und jedes Abtasten des Grundes mit der Fliege unmöglich machen. Da der Wind oft sehr kräftig ist, schlage ich eine kräftige Rute in Kombination mit einem Schusskopf vor. Die Fliegen müssen vor Hängern sicher sein, damit sie nicht ständig an den herumtreibenden Steinen und dem Tang hängen bleiben. Sie müssen jedes Signal, das ein Barsch durch die Rute sendet, aufmerksam verfolgen. Jagen die Fische an der Oberfläche, können Sie allerdings ruhig eine schwimmende Schnur nehmen. Es ist in der Regel leicht zu sehen, wenn ein Raubfisch eine Fliege von der Oberfläche nimmt.
Mit einem Boot oder einem Kajak kann man in etwas tieferem Wasser nach Barschen suchen. Riffe im Meer oder Schiffswracks wirken wie Magneten auf die Wolfsbarsche. Hier können Sie mit sinkenden Schnüren, große Fliegen und kräftigen Vorfächern fischen. Das kann jedoch zu ungeahnten Überraschungen führen – Sie ahnen vielleicht nicht, was über einem Wrack so alles anbeißen kann.

Ausrüstung

Rute

Wolfsbarsche sind stark. Und der Wind und die Strömung sind oft hart an guten Plätzen. Meine Wahl sind 9 Fuß lange Ruten in den Schnurklassen Größe 8 oder 9.

Rolle

Eine stabile, salzwasserbeständige Rolle passt, die Schussköpfe, 30 Meter Runningline und gut 150 Meter Nachschnur aufnimmt.

Schnüre

Eine Auswahl an Schussköpfen oder Keulenschnüren in schnell sinkender und intermediate Ausführung meistert alle Situationen.

Vorfach

Für das Fischen in der Brandung benötigen Sie keine langen Vorfächer. Nehmen Sie vielleicht drei Meter für die oberflächennah fischenden und einen Meter für die schnell sinkenden Schnüre. Die Spitzenstärke beträgt

0,30 bis 0,40 mm. Zu stärkeren Durchmessern rate ich zwecks möglichen Überraschungen beim Wrackfischen.

Fliegen

Ich setze auf große Streamer. Binden Sie einen guten Vorrat an Silikonfliegen, Bunnies oder Leftys Decievers. Borstenwurm-Imitationen wie Robert Lais und eine Tintenfischimitation dürfen ebenfalls nicht fehlen. Fliegen mit einer Länge von 8 bis 20 Zentimetern decken den gesamten Bedarf.

White Silikon (Michael Jensen)

Haken: Mustad 80400D Größe 2-6 (zurecht gebogen)
Garn: weiß
Schwanz: weißer Kaninchenfell-Streifen mit einer angeklebten braunen Fasanenbrustfeder, gestutzt
Flügel/ Körper: weiße Schafswolle gemischt mit pearl Flashdub. Zwei Schichten Silikon bedecken den Kopf. Zwischen die Schichten kommt Kunstfell in perlmutt
Augen: Folienaugen zwischen den beiden Silikonschichten

Wiggle Bug Variante (Michael Jensen)

Haken: Mustad 80400D Größe 2-4
Garn: weiß
Schwanz: rotes Islandhaar (Polarbär oder Ersatz), pearl Flash-Dubbing und silbernes Flashabou
Körper: pearl FlashDubbing
Hechel: grizzlyfarbene Hahnenhechel als Palmer gebunden
Rücken: weißes Schaumgummi zurecht geschnitten
Augen: Puppenaugen mit Augenbrauen

Baitfish Silikon (Michael Jensen)

Haken: Mustad 80400D Größe 2-4 verbogen
Garn: weiß
Flügel/ Körper: weiße, olive und gelbe Schafswolle mit Pearl Flashdubbing. Der Kopf wird mit zwei Schichten Silikon bedeckt. Zwischen die Schichten kommt Kunstfell wie oben
Augen: Folienaugen zwischen den zwei Schichten Silikon

Lefty's Deceiver (Lefty Kreh)

Haken: Mustad 34007 Größe 2-4
Garn: weiß
Flügel: vier grizzlyfarbene Hahnenhecheln
Körper: entfällt
Flügel: weißes Bucktail wie ein Kragen um den Haken gebunden
Rücken: Pfauengras mit ein paar Fasern Flashabou in perlmutt
Hechel: rotes Marabou

Plattfische

Unterhaltsame Stunden mit den Platten

Ich habe es kaum jemanden erzählt, denn es ist ein bisschen verrückt. Aber man muss es einmal selbst versucht haben. Ich lasse mein Kajak in das seichte Wasser zwischen die Sandbänke gleiten. Ein paar hundert Meter hinter den Sandflächen gibt eine sachte Strömung. Ich glaube nicht, dass viele hier fischen. Denn hierher kommt kein normales Boot. Das Wasser ist zu flach und der Boden zu weich, um darauf zu gehen. Endlich wird das Wasser vor mir dunkler. Ich paddle zu der Rinne. Sie ist nicht besonders tief, zwischen eineinhalb und zwei Metern.

Der Grund besteht aus einer Mischung aus feinem Sand und ein paar größeren Steinen, die von den Gezeitenströmen freigelegt wurden. Es gibt ein paar Seegrasbüsche, die in der Strömung wehen. Der Anker gleitet ins Wasser und bekommt sofort Halt. Das Wasser steigt. Ich versuche es mit einer Intermediate Schnur, einem langen Vorfach und einer beschwerten Borstenwurmfliege. Die Strömung ist zu stark, die Fliege schwimmt im Mittelwasser. Ich wechsle zu einer schnell sinkenden Leine, die sofort auf Grund geht. Die Fliege hüpft über den Sandboden und ich bewege sie durch Einholen und Nachlassen der Schnur wie beim Pilken. Die Flundern beißen sehr lebhaft. Es dauert ein wenig, bis ich sie richtig haken kann.

Vorsichtig schlage ich an, als die Rutenspitze wieder zittert, und dieses Mal hängt der Fisch am Haken. Die Flunder nutzt die Strömung mit ihrer ganzen Körperfläche und stellt sich quer. In kleinen Kreisen ziehe ich sie zu mir ans Boot und lasse sie schließlich ins Netz gleiten – ein schöner Fisch. Während die Fliege wieder über den Grund springt, muss ich an meinen Freund Martin denken. Zweimal hat er im Frühling beim Meerforellenfischen an einem bestimmten Platz in Djursland schöne Steinbutt mit der Fliege gefangen. Keine besonders großen Fische, jedoch groß genug, um sich darüber Gedanken zu machen. Wir haben schon vage Pläne für den nächsten Frühling geschmiedet. Dann wollen wir gezielt auf Steinbutt fischen.

✦ ✦ ✦

Plattfische

Flunder

Genau wie alle anderen Plattfische kann die Flunder sich an ihre Umgebung wie ein Chamäleon anpassen. Darum variiert ihre Farbe von sandfarben bis dunkelbraun. Ihre Oberfläche ist rauh. Die Flunder gibt es überall an unseren Küsten, wobei sie in der Sommerzeit eine Tiefe von einem bis sechs Meter bevorzugt. Sandboden mit ein wenig Seegras ist ihre Heimat. Die Art hält sich auch gerne im Brackwasser auf und manchmal wandert sie sogar bis ins Süsswasser. Die Flunder kann bis zu 3,5 Kilogramm wiegen, jedoch gelten Exemplare von einem halben bis ganzen Kilo bereits als schöne Fische. Flundern leben von Würmern, Muscheln, Krebsen und im Brackwasser von Tanzmückenlarven.

Scholle

Die Scholle gibt sich leicht durch ihre klaren roten Flecken auf sonst braunem Schuppenkleid zu erkennen. Sie lebt eigentlich im tiefen Wasser, kleinere Exemplare trifft man jedoch auch in Küstennähe an. Sie wiegen nur selten mehr als ein Kilogramm. Die Scholle lebt von Muscheln, Schlangenseesternen, Würmern, Krebsen und Fisch.

Kliesche

Die Kliesche ähnelt der Flunder, fühlt sich jedoch weniger rau an. Charakteristisch ist ihre helle Seitenlinie, die einen Bogen über die

Brustflosse schlägt. Sie lebt in etwas tieferem Wasser an sandigen Küsten. Sie kann ein Gewicht von etwa einem Kilo erreichen, man fängt aber nur selten Exemplare über ein Pfund. Die Kliesche ernährt sich von Würmern, Muscheln, Krebsen und Fischen – trotz ihrer geringen Größe.

Steinbutt
Der Steinbutt lässt sich mit keiner anderen Art verwechseln. Denn er ist der einzige runde Plattfisch. Er lebt an Stellen mit starker Strömung auf steinigem und groben Grund. Seine Farben setzen sich aus einem Mosaik verschiedener Grautöne zusammen. Der Steinbutt wiegt bis zu 15 Kilogramm, im flachen Wasser ein bis fünf Kilo. Das große Maul zeigt, dass der Steinbutt zu den Raubfischen zählt. Er frisst Krabben und andere kleine Krebse, aber hauptsächlich Fisch. Hering, Sandaal, kleine Dorsche und kleinere Artgenossen stehen auf seiner Speisekarte.

Glattbutt
Der Glattbutt ähnelt dem Steinbutt ein wenig, wirkt jedoch etwas länglicher. Außerdem wird er nicht so groß, selten wiegt er mehr als zwei bis drei Kilo. Seine Lebensweise entspricht der des Steinbutt.

Tipps

Frühling, Sommer und Herbst
Alle Plattfische jagen erst wirklich aktiv bei Dunkelheit. Die besten Plätze sind die Kanten von Fahrrinnen, die freien Plätze zwischen Seegrasgürteln und der grobe Boden an den offenen Küsten. Überall werden Sie Plattfische finden, allerdings verschiedene Arten. Früher dachten die Angler, dass die Köder ganz ruhig am Boden liegen müssen, damit sie die Platten an den Haken locken. Heute wissen die meisten, dass Plattfische auf der Nahrungssuche ihre Augen und den Geruchssinn gleichermaßen nutzen. Mit einer leichten Spinnausrüstung kann man Plattfische leicht dazu verführen, hinter Spinnern herzujagen, die mit Perlen, blinkenden Spinnerblättern und Reflexfolien die Aufmerksamkeit auf sich lenken. Oft jagen Plattfische ihnen sogar bis an die Oberfläche hinterher und packen erst kurz vor dem Angler zu. Und daher ist es schon naheliegend, dass sich Plattfische genauso mit der Fliege überlisten lassen.
Ohne Boot geht allerdings oft gar nichts. Nehmen Sie sinkende Schnüre und beschwerte Fliegen, die einen Krautschutz besitzen. Das Fliegenfischen auf Scholle, Butt und Flunder kann sehr fängig und voller Erlebnisse sein. Nicht gerade wenige Küstenfliegenfischer wunderten sich beim Meerforellenfischen, als plötzlich ein Plattfisch den Köder packte. Einer meiner Freunde fischte einmal in einem Gezeitenstrom auf Meerforellen mit einem großen weißen Streamer im Zonkerstil und fing zufällig eine ein Kilogramm schwere Scholle. Ein anderer landete ebenfalls durch Zufall einen Steinbutt. Stellen Sie sich deshalb vor, wie erfolgreich erst ein gezieltes Fischen auf diese Meeresbodenbewohner sein kann.

Ausrüstung

Jede Fliegenrute mit einer sinkenden Leine und einem kurzen Vorfach kann Plattfische fangen. Nehmen Sie also einfach vorhandenes Gerät.

Fliegen
Binden Sie Fliegen mit glitzernden Materialien, die Fische sehen sie besser und die Muster wirken lebendiger. Imitationen von Würmern, Krebstieren, kleinen Muscheln und Fischen eignen sich gut auf Plattfische. Verwenden Sie weitgehend hängersichere Ausführungen in Upside-Down-Bindetechnik. Eine Beschwerung stellt sicher, dass die Fliege wirklich den Grund erreicht.

Plattfischengel (Michael Jensen)

Haken: Mustad 80400D Größe 6-10
Garn: weiß
Körper: gelbes Flashabou-Dubbing
Hechel: weiches, braun gesprenkeltes Marabou
Rücken: Körperfedern vom Fasanenhahn in Scheibenform geschnitten und am Kopf sowie dem Hakenbogen abgebunden wie ein Schild
Augen: Bleiaugen

Auf Grund der Konstruktion schwimmt die Fliege upside-down.

Glitzernder Wurm (Michael Jensen)

Haken: Zwei Haken im Tandemstil hintereinander. Vorn ein Mustad 34007 Größe 6, hinten ein Mustad 80400D Größe 10, verbunden mit einem Abschnitt geflochtener Backing
Garn: weiß
Schwanz: ein Büschel pinkfarbenes Flashabou-Dubbing
Körper: pinkfarbenes Flashabou-Dubbing über die beiden Haken gebunden
Kopf: Schrotblei mit pinkem Flashabou-Dubbing bedeckt. Ganz außen eine Schicht Silikon

Weedless Bugger (Michael Jensen)

Haken: Mustad 80400D Größe 6-10, gebogen als Keelhaken
Garn: weiß
Schwanz: rosa Polarfuchs und ein paar Fibern pinkfarbenes Flashabou-Dubbing
Körper: Flashdub in pink
Hechel: Palmer, grizzlyfarbene Hahnenhechel in pink
Flügel: rosa Polarfuchs
Augen: Bleiaugen
Kopf: pinkfarbenes Flashabou-Dubbing

Wiggle Crab (Michael Jensen)

Haken: Mustad 80400D Größe 6-10
Garn: weiß
Körper: pinkfarbenes und gelbes Flashabou-Dubbing gemischt
Rücken: drei pink gefärbte Grizzly-Hennenhecheln
Beine: ein paar pink gefärbte Gummibänder
Augen: Bleiaugen
Kopf: pinkfarbenes Flashabou-Dubbing

Das Fliegenfischerjahr
Neue Herausforderungen

Das Fliegenfischerjahr

Die vielen verschiedenen Arten neben den Salmoniden bieten das ganze Jahr hindurch ein sehr abwechslungsreiches Fischen mit der Fliege. Nur ein Winter mit viel Frost, Eis und Schnee kann Sie wirklich bremsen.

Januar, Februar und März
Bedeckt Eis die Gewässer, können Sie Pläne für die nächste Saison schmieden. Vielleicht jagen Sie dann den Zander im See oder den Wolfsbarsch an der Küste. Nehmen Sie sich ein wenig Zeit zum Studium von Tiefenkarten, Fachbüchern und Zeitschriften über Ihr Thema. Lesen Sie ein wenig über die Nahrung des von Ihnen ausgewählten Fisches und binden Sie entsprechende Fliegen. Denn die Planung im Vorfeld ist fast genauso spannend, wie das eigentliche Angeln. Bei nicht allzu strengem Frost können Sie an die Küste fahren und Ihre Kräfte mit dem Dorsch messen. Denn er schwimmt jetzt an der Küste, da Tintenfische aus dem tiefen Wasser in Ufernähe kommen. Gerade an milden Tagen können Sie gute Fänge erzielen. Das Wasser ist kalt, aber das vergessen Sie schnell bei einem heißen Drill. In den größeren Binnengewässern lässt sich jetzt der Winterhecht überlisten und an einigen Stellen an der Flussmündung sowie im Brackwasser der Ostsee schöne Barsche. Denn sie wandern jetzt vom Brackwasser zu den Laichplätzen in den unteren Flussläufen. Sowohl an der Küste, als auch in den Seen und Flüssen gilt jetzt: tief und langsam fischen, und am besten mit kräftig gefärbten Fliegen.

April
Jetzt wird alles etwas lebendiger, besonders an der Küste. Die Borstenwürmer schwimmen im Uferwasser und der Dorsch ist hungrig. Die steigende Wassertemperatur lässt alles sich etwas schneller bewegen. Gehen Sie an einem warmen Abend gegen Ende April ans Wasser. In der goldenen Stunde kommen die Dorsche sehr nah ans Ufer. Die Heringe ziehen in die Fjorde und den Steinbutt findet man manchmal auch im flachem Wasser.
Im See steht alles ein wenig. Der Hecht laicht bereits und der Barsch beginnt gerade damit. Der Zander hingegen ist voll mit Fressen beschäftigt, bevor die Paarung beginnt. Fischen Sie tief und am Ufer auf die Stachelritter.

Mai
Die Hornhechte sind da. Anfang des Monats wendet sich das Angeln den wandernden Fischen zu. Mitte des Monats stehen sie an den Laichplätzen, den seichten seegrasreichen Buchten und Seetangfeldern. Die Dämmerung ist die beste Zeit des Tages. Jetzt jagen die Dorsche oft an der Oberfläche und lassen sich mit Poppern fangen. Wenn es hell ist, müssen Sie ihn weiter draußen am Grund suchen. Der Monat beginnt in vielen Regionen mit dem Ende der Hechtschonzeit. Die Räuber laichen allerdings noch in einigen Gewässern. Das gilt genau so für den Zander. Das Angeln mit der Fliege auf Friedfische beginnt nach und nach.

Juni
Es herrscht Hochsaison für Plattfische und die Hornhechte schwimmen überall. Jetzt tauchen außerdem die ersten Sommergäste an der Küste auf. Die Makrelen kommen und lassen die Nordseeküste und den Kattegat aufleben. Meeräschen erreichen unsere Gewässer und Wolfsbarsche jagen an den Riffen.
Mittlerweile lassen sich auch die Fische in See und Fluss regelmäßig fangen. Denn Hechte, Barsche und Zander erholen sich vom Laichgeschäft und besitzen einen unheimlichen Hunger. Pirschgänge abends am Ufer auf raubende Hechte im seichten Wasser bringen gute Fänge. Zudem verspricht der Karpfen spannende Drills.

Juli
Das Küstenangeln vom Boot auf Makrelen, Wolfsbarsche, Pollack und Köhler bringt kon-

stant Erfolge, sofern das Wetter mitspielt. Ein schwacher ablandiger Wind ist ideal, ein Sturm von See her katastrophal. Hitzewellen können Fische, die wie der Dorsch lieber in kaltem Wasser stehen, von der Küste vertreiben. Auflandige kalte Strömungen halten sie andererseits an der Küste. Die Meeräsche hingegen liebt die Wärme. Das Fischen an der Oberfläche auf diesen schwierigen Fisch bietet im Sommer die besten Chancen.
Im Süßwasser kann das Leben durch die Wärme ein wenig still stehen, zumindest was Hecht und Barsch angeht. Die Karpfenartigen hingegen sind voll in Bewegung. Sie lieben die Wärme. Brassen, Rotaugen und Karpfen beißen willig auf die Fliege. Der Zander jagt jetzt fast ausschließlich in der Nacht. Probieren Sie große Streamer an der Oberfläche.

August

Er ist der wärmste Monat des Jahres, auch was die Wassertemperatur angeht. Jetzt herrscht Hochsaison auf wärmeliebende Fischarten. An den Küsten sind das besonders die Sommergäste. Die Makrele kann sich im sommerlichen Überfluss an Hering und Sprotten fett fressen. Der Wolfsbarsch zieht die Aufmersamkeit der Angler an einigen Plätzen auf sich. Und die Meeräschen sind hier und da und überall. Besonders letztere werden von einem Heer von hinterher oft frustrierten Anglern gejagt. Im Süßwasser bildet der August vom Angeln her betrachtet eine direkte Fortsetzung des Juli, mit einer Ausnahme. Denn das Angeln auf Barsch kann einen Aufschwung erleben. Besonders August-Abende können sehr gute Fänge bringen.

September

Die Wassertemperatur fällt ein wenig, und überall bringt das Leben ins Wasser. An der Küste kann alles passieren. Makrelen, Wolfsbarsche und Meeräschen sind immer noch da, und die Chancen auf Köhler oder Pollacks stehen ebenfalls gut. Die Plattfische beißen gerne und sind gut in Form. Die Dorsche kommen ebenfalls langsam wieder zurück.
Im Süßwasser startet die zweite Hochsaison – besonders auf Hecht und Zander.

Oktober und November

An der Küste gibt es immer weniger Arten. Die Sommergäste ziehen wieder ab. Dafür beginnt die beste Zeit des Jahres zum Dorschfischen. Im Süßwasser erreicht das Fischen auf Hecht und Zander seinen Höhepunkt. Auf den Hecht kann man immer treffen, fischen Sie nahe am Übergang zum tiefen Wasser und das am besten an schönen, klaren Herbsttagen. Zander lassen sich in allen Wasserschichten und den ganzen Tag über fangen. An bewölkten Tagen mit Regen kann er selbst mitten am Tag an der Oberfläche jagen. Experimentieren Sie mit der Tiefe. Ein Wasserfahrzeug der einen oder anderen Art ist zum Erreichen der richtigen Stellen allerdings fast unentbehrlich.

Dezember

Die Saison geht zu Ende. Jedoch sind Raubfische wie Dorsch, Hecht, Barsch und Zander noch immer aktiv. Fischen Sie an milden Tagen in den wärmsten Stunden des Tages. Der Kreis des Jahres hat sich geschlossen und eine neue Saison liegt vor uns.

Neue Herausforderungen

Neben dem Fang der vielen verschiedenen Fischarten kann sich der experimentierfreudige Fliegenfischer noch weiteren Herausforderungen stellen. So bereitet mir die Suche nach neuen Stellen sehr viel Freude. Besonders an den Küsten gibt es dafür ein großes Potential. Wie ich schätze, wird nur ein Zehntel der Küsten regelmäßig zum Fischen genutzt und bestimmt an der Hälfte angelt nie jemand. Allerdings gibt es verschiedene Gründe dafür, dass wir uns an ein paar Plätzen – in extremen Fällen sogar Schulter an Schulter – aneinander drängen:

Denn die Natur hat einfach einige Stellen so geschaffen, dass sie sich ideal zum Angeln anbieten. Gute Strömungsverhältnisse, Riffe oder einfach nur Plätze mit passendem Grund zählen dazu. Und wir wissen, dass man an diesen offensichtlich einladenden Plätzen Fische fangen kann. Dies bestätigt sich immer wieder dadurch, dass an den meisten der stark frequentierten Stellen immer wieder Fische an den Haken gehen. Ob das Ergebnis für den einzelnen Angler an einer einsamen und abge-

legenen Stelle vielleicht sogar besser wäre, lässt sich schwer sagen. Natürlich sieht man auf eintausend Meter Küstenabschnitt und zwanzig oder mehr Anglern meist Erfolge. Aber es sagt eigentlich nur wenig darüber aus, ob es hier im Verhältnis zu anderen Plätzen mehr Fische gibt. Denn viele Köder im Wasser fischen auch viel Fläche ab und fangen entsprechend viel.
Der Mensch benötigt Vertrauen und der Küstenfischer orientiert sich leider zu oft an den bekannten Plätzen. Häufig liegen sie direkt an Wegen und Parkplätzen, wodurch sie sich leicht und ohne lange Fußmärsche schnell erreichen lassen. Deshalb erscheinen solche Stellen vielen Anglern als besonders attraktiv. Denn die meisten Angler, die kurz vor oder nach der Arbeit schnell ein paar Würfe machen wollen, haben nicht viel Zeit. Darum nehmen sie die Hektik an einfach zugänglichen Angelplätzen in Kauf.
Vor ein paar Jahren ging ich einmal mehr auf die Suche nach neuen Fischgründen in meiner Umgebung. Als Erstes suchte ich Karten über meine Küstenplätze am Mariager Fjord, Limfjord und Djursland. An vielen Stellen fand sich schließlich tiefes Wasser, Unterwasserbewuchs, abwechslungsreicher Boden und Strömung. Also bot die Unterwasserwelt den Fischen einen idealen Lebensraum. Und sie erstreckte sich insgesamt über etliche Kilometer und überall bestand die Möglichkeit zu fischen. Und das ohne einen anderen Angler in Sicht. Außerdem gab es Stellen mit Sandboden, über dem Plattfische in der Dämmerung jagen könnten. Dazu kamen Plätze mit seichtem, sonnengewärmtem Wasser, in dem sich die Meeräschen im Sommer aufhalten sowie Brandungsküsten, an denen Wolfsbarsche möglicherweise kleine Fische jagen. Schließlich fand ich zudem Riffe, Rinnen, Seegras- und Seetangfelder in Tiefen von vier bis sechs Metern nah an der Küste, in deren Bereich möglicherweise viele große Dorsche, Köhler, Makrelen und viele andere Arten schwammen.
Die Stellen ließen sich dabei ganz unteschiedlich erreichen. Die einen lagen nur ein paar Minuten von einem Parkplatz entfernt, andere fünf bis zehn Kilometer vom nächsten Weg. Einige besaßen überhaupt keinen Zugang von Land aus und wieder andere fanden sich bei kleinen Inseln oder ein gutes Stück vor der Küste. Die Sache war klar. Ich brauchte ein Boot oder etwas Ähnliches. Da ich gleichzeitig ein leichtes Fahrzeug haben wollte, das ich ohne Trailer transportieren konnte, fiel meine Wahl auf eine kleine 2,40 Meter lange Kunststoff-Jolle. Sie wiegt wenig und ich kann sie mit ein wenig Anstrengung alleine auf mein Autodach heben. Mit einem kleinen Aussenbordmotor von 1,5 PS kann ich damit bei ruhigem Wasser in geschützten Buchten fahren.
Ich besuchte schließlich einige der neuen Plätze und fing genau so viele Fische wie an den bekannten Plätzen. Aber ich sah keine anderen Angler. Die Jolle zeigte jedoch einige negative Seiten. Ich mochte nicht von einem Motor abhängig sein und das Geräusch mag ich schon gar nicht – aber es ist hoffnungslos, die Jolle zu rudern. Und mit dem kleinen Motor ging es selbst bei Vollgas nur sehr langsam voran. Und wenn auch nur ein wenig Wind bläst, schlagen die Wellen ins Boot.
Also begann ich mein Kanu einzusetzen. Es hatte mir treu beim Angeln im Süßwasser gedient, besonders auf Seen. An der Küste erwies es sich jedoch als weniger brauchbar. Zwar kam und komme ich an ruhigen Tagen optimal damit zurecht. Das Kanu war genau so schnell wie die Jolle, im flachen Wasser jedoch besser zu manövrieren. Allerdings schlugen die Wellen bei Wind genauso schnell an Bord. Darum blieb ich in der Nähe des Ufers und fuhr nur raus, wenn das Wetter einigermaßen passte. Dann passierte eines Tages etwas, das alles veränderte.

An einem stürmischen Herbsttag ging ich mit meiner Familie an einem Strand auf der Insel Fur, einer kleinen Insel im Limfjord, spazieren. Draußen an der nördlichsten Spitze sah ich ein paar sehr kleine Boote, die gerade die Landspitze umrundeten. Einen Augenblick waren sie hinter Wellen versteckt, dann tauchten sie wieder auf. Ich starrte sie ungläubig an. Der Wind war kräftig und die Wellen hoch. Nicht einmal eine große stabile Jolle konnte bei diesem Wetter rausfahren. Und trotzdem umrundete eine kleine Gruppe Menschen in ihren stromlinienförmigen Gefährten die Spitze ohne Probleme und paddelten dann ziemlich schnell die Küste entlang. Ich stand an Land und träumte davon, in dieser Brandung zu paddeln. Das war mein erstes Treffen mit einem Meerwasserkajak.

Zu Hause fing ich an zu grübeln. Ich hatte selbst einen Kajak, ein altes, eigentlich ausgemustertes Ding. Es war jedoch nicht für die Küste gebaut und zu morsch, als dass ich mich damit ins Meer getraut hätte. Ich musste in den sauren Apfel beißen und das Scheckheft rausholen. Das war überhaupt die beste Investition in mein Hobby. Der Meerwasserkajak mit den nach oben gedrehten Enden sollte mich an vielen Tagen zum Fischen begleiten. Grönländische Jäger verwenden diese Boote schon seit tausenden von Jahren. Durch die Jahre wurde es ständig verbessert und den wechselnden Bedingungen der Natur angepasst.

Als wir Dänen uns des Kajaks annahmen, wurde es in meinen Augen zum Rennboot degradiert. Die Kajaks wurden schneller und schneller und verloren so die Eigenschaften, die dem Jäger und dem Fischer nützlich sein könnten. Heute gibt es aber wieder ein großes Interesse für Kajaks, die nicht nur für Rennen bestimmt sind. Das Resultat ist der Meerwasser- oder Küstenkajak, der sich ideal für das Angeln eignet und zu vernünftigen Preisen angeboten wird.

Die Kajaks besitzen sämtliche Eigenschaften, die wir uns zum Fischen wünschen können. Sie gleiten fast lautlos dahin, verfügen im Wasser über ein flaches Profil, sind wenig windempfindlich und lassen sich bei allen Wetterlagen einsetzen. Schließt sich die Spritzdecke um meinen Leib, fühle ich mich geborgen, egal was für ein Wetter herrscht. Die Wellen können auf mich niederbrechen und ich werde nicht nass – außer im Gesicht, und kein Tropfen gelangt in den Kajak. Das bedeutet allerdings nicht, dass ich bei Sturm aufs Meer fahre und fische. Sollte jedoch ein Sturm mich überraschen, fühle ich mich dennoch sicher.

Gleichzeitig ist der Kajak im Vergleich zu Kanu oder Jolle blitzschnell. Eine Tagestour an der Küste kann leicht eine Strecke von 20 bis 50 Kilometer umfassen, wobei es darauf ankommt, an wie vielen Stellen Sie wie lange fischen. An der Kajakhülle können Sie die Fliegenrute befestigen, sowohl in den Angelpausen, als auch beim Schleppen. An jedem Ende des Kajaks stecken verschlossene Auftriebskörper, in denen man bei den meisten Modellen seine Ausrüstung wasserdicht verstauen kann.

In so einem Boot können Sie leicht Ausrüstung und Lebensmittel für eine Woche verstauen.

Beim Fliegenfischen lege ich die Schuss-Schnur auf der Spritzdecke ab. Fliegenfischer, die Schussleinenkörbe verwenden, können leicht eine Halterung dafür anbringen. Montieren Sie auch eine Vorrichtung für den Fang, vielleicht einen Haken für einen Netzbeutel. Fische bleiben im Wasser viel länger frisch als an der Luft. Meist angle ich mit dem treibenden Kajak. Ich suche die Gegend mit gezielten Würfen ab, während das Boot über den gewählten Platz treibt. Mit einer Sinkschnur kombiniert brachte diese Technik mir schon viele schöne Dorsche aus dem tiefen Wasser, und das nur etwa 100 Meter vom Land entfernt. In Seen hat es ebenfalls bei allen Raubfischen geklappt.

Ich benötige weder Kescher noch Gaff. Vielmehr lande ich meine Fische mit der Hand. Allerdings lassen sich Hechte über fünf Kilo kaum noch im Genick fassen – zumindest nicht mit meiner Handgröße. Vor einiger Zeit wollte ich einen noch um einiges größeren Hecht mit den Händen in den Kajak holen. Da ich ihn mitnehmen wollte, fasste ich etwas unvorsichtig ein Kiemendeckel und riss mir dabei die Finger auf. Ein Arbeitshandschuh kann so eine Situation vermeiden.
Wie Sie sicherlich bereits bemerkten, setze ich den Meerkajak genauso im Süßwasser ein. Jedoch bevorzuge ich hier bei schönem Wetter mein Kanu, zumindest auf überschaubaren, kleineren Seen und größeren Flüssen. Denn es ist ein besonders schönes Boot und aus meiner Sicht ein Klassiker für das Fliegenfischen. Weiter eignet sich das Kanu besser für zwei Leute, der Kajak für einen Angler. Sind Sie alleine im Kanu unterwegs, können Sie das Stechpaddel zwecks Geradeauslauf des Kajaks entweder abwechselnd links und rechts neben dem Boot durchs Wasser ziehen oder stets auf einer Seite und entsprechend gegensteuern. Beides ergibt einen großen Energieverlust. In meinem kleinen Kanu wechsle ich oft das Stechpaddel gegen ein Doppelpaddel aus, möchte ich längere Strecken fahren.Außer dem Kajak und dem Kanu bietet sich dem Fliegenfischer das aufblasbare Belly-Boat an, was übersetzt so viel wie Bauchboot oder Schwimmring bedeutet. Es erlangte inzwischen eine große Beliebtheit an der Ostseeküste und im Süßwasser sowieso. In meinen Augen besitzt es allerdings nur einen Vorteil gegenüber Kanu und Kajak: Es lässt sich in Kofferraum oder Rucksack transportieren. In Sachen Reichweite und Fahrgeschwindigkeit kann es nicht mithalten. Ich habe schon oft im Kajak gefischt, während meine Freunde ihre Belly-Boats einsetzten. Dabei waren sie viel abhängiger davon, dass die Fische zu ihnen kommen.

Das schließt das Belly-Boat auch von den Plätzen aus, die weit vom nächsten Parkplatz entfernt sind. Während der Belly-Boat-Pilot seinen Untersatz (falls überhaupt möglich) erst mühsam zu Fuß an die gewünschte Stelle schleppen müsste, kann der Kajak- oder mehr noch der Kanufahrer den Platz locker paddelnd erreichen. Vor allem ist das Belly-Boat bei schlechtem Wetter genauso gefährlich und begrenzt verwendbar wie das Kanu. Das Belly-Boat ist in meinen Augen ein gutes Fahrzeug, aber nur an geschützen Stellen, bei gutem Wetter und wenn Sie keine längeren Strecken offenen Wassers überwinden müssen. Dürfte ich nur ein Wasserfahrzeug zum Angeln besitzen, würde meine Wahl immer auf den meerestüchtigen Kajak fallen. Denn er verbindet das flache Profil des Belly-Boats mit der Reichweite eines Schleppboots. Schließlich entstand der Kajak ursprünglich aus den Händen der härtesten Produktentwickler der Welt: den Inuit des Eismeeres.

Nachwort & Stichwortregister

Nachwort

Alternatives Fliegenfischen, alleine bei dem Gedanken schüttelt es eingefleischte Äschen-, Forellen- und Lachspuristen kräftig durch. Leider jedoch oft nicht aus der Erkenntnis heraus, dass ihnen vielleicht etwas entgangen ist. Doch nach ein paar Geschichten zum Thema dämmert möglicherweise ein Verdacht: Hinterm selbst gezogenen Horizont geht's ein wenig weiter. Doch das ist nur die halbe Wahrheit. Denn tatsächlich lassen sich mit der Fliegenrute so viele bislang dafür untypische Fische auf die Schuppen legen, gegen welche die „edlen" Fettflossen-Träger teilweise fast etwas blass aussehen. So lässt der erste am leichten Gerät gehakte, dicke Karpfen dem Forellenfischer das Adrenalin in solchen Mengen durch den Körper schießen, wie er es zusammengerechnet wahrscheinlich in den letzten paar Jahren am Bach nicht erleben durfte. Äußerst scheue Groß-Alande oder -Rotfedern lassen wählerische Äschen fast als gefräßig erscheinen und der zu nächtlicher Stunde am Rhein gehakte Zander bringt einen Hauch von Abenteuer ins Geschehen.

Das gleiche gilt für das Meeresfischen auf die faszinierenden Hornhechte, die Dorsche über den Tangfeldern und nicht zuletzt den kämpferischen Wolfsbarsch. Sie bieten dem Fliegenfischer während des Familienurlaubs an der Küste genau das, was ihm bislang dabei fehlte. Weitere Abwechslung bietet das Streben, mit der Fliege möglichst viele Fischarten zu überlisten. Sei es in Fluß, See oder Meer. Erste Versuche auf den Waller verliefen bereits erfolgreich und wer weiß, welche Überraschungen der nächste Tag oder das neue Gewässer bereithält. Was darf es sein? Riesige Barben in Spanien, der gewaltige Mahseer in Indien, hart kämpfende Bonitos in warmen Meeren oder der Furcht erregende Alligatorhecht in den Südstaaten der USA? Wer es zunächst eine oder zwei Nummern kleiner angehen möchte, kann sein Hausgewässer unter anderem vielleicht auf Neubürger wie Graskarpfen oder Sonnenbarsch abklopfen.

Vielleicht sehen Sie sich anfangs einigen mitleidig bis fies grinsenden Naturköderanglern gegenüber, sobald Sie die ersten Versuche am Karpfensee unternehmen. Lassen Sie sich nicht irritieren. Denn garantiert entgleisen die Gesichtszüge, wenn Sie mit laut kreischender Bremse den an der Oberfläche auf Sicht angeworfenen Schuppi drillen, während die Kollegen den Wurm vielleicht direkt über dem gerade fischleeren Grund baden.

Für dieses und ähnliche Erfolgserlebnisse gibt Ihnen dieses Buch äußerst wertvolle Ratschläge an die Hand. Selbst wenn Sie nur die Hälfte davon beherzigen, sollten Sie sich bald über die ersten „Alternativen" an der Fliege freuen können.

In diesem Sinne wünsche ich viel Freude beim Experimentieren, Fischen und Drillen...

Frank Weissert
-Lektor-

Ostfildern, den 14. Januar 2000

Stichwortregister

Herausforderung Fliegenfischen

Peter Gathercole
Fliegenbinden
Das Handbuch für Einsteiger und fortgeschrittene Fliegenbinder: Werkzeuge und Grundausrüstung, Basistechniken, Haken, Arbeitsgänge für Nymphen-, Naß- und Trockenfliegen-Herstellung, Bindetechniken für Schwanz, Körper, Flügel und Hecheln. Jeder einzelne Arbeitsgang wird mit einem Farbfoto unmißverständlich erläutert. Dabei reicht die Palette von einer Trockenfliege mit Fallschirm-(Parachute-)Hechel über naturnahe Kleinfisch-Nachbildungen bis zum beliebten Muddler-Minnow-Streamer mit Rehhaar-Kopf oder einer »Full-Dressed«-Lachsfliege. Dies ist ein Buch, das das Herz jedes Fliegenfischers höher schlagen läßt.
192 Seiten, 531 Farbbilder, 28 Zeichnungen
Bestell-Nr. 41215
DM 49,80
sFr 47,50/öS 364,–

Erich Stoll/Hans Gebetsroither
Hohe Schule auf Äschen und Forellen
Der eine erfand das moderne Fliegenfischen, der andere schrieb Bücher darüber. »Hohe Schule auf Äschen« (1972) und »Hohe Schule auf Forellen« (1973) von Hans Gebetsroither und Erich Stoll sind längst Standardwerke. Das Buch enthält die Original-Ausgaben – ein Blick in die Frühzeit des Fliegenfischens.
288 Seiten, 47 Bilder, 9 Zeichnungen
Bestell-Nr. 41321
DM 24,80/sFr 24,80/öS 181,–

Heinz Lorenz
Fliegenwerfen
Kein Wurfstil hat das europäische Fliegenfischen der vergangenen Jahrzehnte so stark geprägt wie der von Hans Gebetsroither. In den 30er Jahren entwickelt und damals seiner Zeit weit voraus, kennzeichnet diesen Stil das Werfen aus der Schulter und das Untendurchziehen beim Rückwurf. In diesem Buch werden die einzelnen Elemente dieser Wurftechnik genau analysiert und ihr Zusammenspiel verdeutlicht.
112 Seiten, 21 Farbbilder, 26 Zeichnungen
Bestell-Nr. 41293
DM 19,80/sFr 19,80/öS 145,–

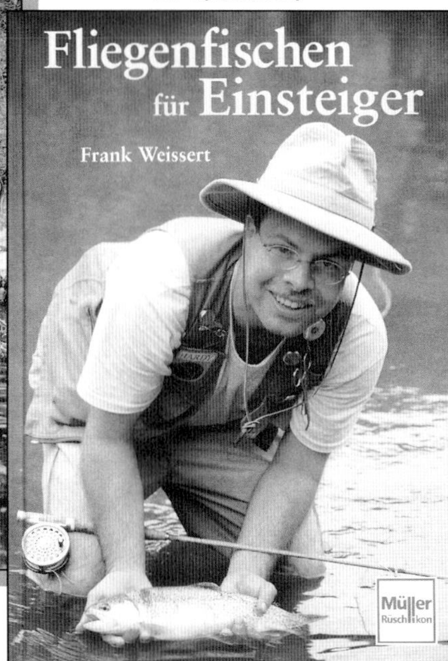

Frank Weissert
Fliegenfischen für Einsteiger
Fliegenfischen ist nicht so schwierig wie es aussieht, wie dieses Buch beweist. Es führt selbst Anfänger Schritt für Schritt zum Erfolg, hilft bei der Geräteauswahl, nennt die wichtigsten Fischarten und zeigt, wie man seine eigenen Fliegen bindet.
160 Seiten, 154 Bilder, davon 151 in Farbe
Bestell-Nr. 41228
DM 39,80/sFr 37,90/öS 291,–

Stand Januar 2000
Änderungen in Preis und Lieferfähigkeit vorbehalten

Ihr Verlag für Angel-Bücher
Gewerbestraße 10, CH-6330 Cham
Postfach 4161, CH-6304 Zug
Telefon ++41(0)41 740 30 40
Telefax ++41(0)41 741 71 15

Müller Rüschlikon

Herausforderung Fliegenfischen

Göran Cederberg
Das große Buch vom Fliegenfischen
In seinem Buch vermittelt der Autor alles über Ausrüstung und Wurftechniken, über das Fliegenfischen in stehenden und fließenden Gewässern, das Fischen auf Lachs und Meerforelle u.v.a. Dazu begleiten Illustrationen von einmaliger Schönheit den lebendig geschriebenen Text.
237 Seiten, 300 Farbbilder
Bestell-Nr. 41010
DM 89,–
sFr 82,–/öS 650,–

Charles C. Ritz
Erlebtes Fliegenfischen
Kaum ein Fliegenfischer, der nichts vom Werk des Schweizers Charles Ritz gehört hat. Seit der Erstauflage 1954 gilt es als Bibel der Zunft. Unzählige führte es in die Kunst und Technik des Fliegenfischens auf Äschen, Forellen und Lachse ein.
248 Seiten, 30 Bilder, 93 Zeichnungen
Bestell-Nr. 41267
DM 29,80
sFr 29.80/öS 218,–

Göran Cederberg
Fliegenfischen
Jedes der schönsten Fanggebiete für Fliegenfischer wird von Experten eingehend beschrieben, mit vielen Tips und nützlichen Hinweisen. Sie geben Auskunft über das Trockenfliegenfischen auf Forellen und Äschen, das Salzwasser-Fliegenfischen auf Meeräschen, Tarpone und andere wilde Kämpfer, das Fliegenfischen auf Lachse in abgelegenen Flüssen sowie über das Wie und Wann des erfolgreichen Fliegenfischens. Ein professioneller Führer zu den schönsten Plätzen Europa und Übersee!
166 Seiten, 137 Farbbilder
Bestell-Nr. 41080
DM 59,–/sFr 54,50/öS 431,–

Brian Clarke/John Goddard
Die Forelle und die Fliege
Wie präsentiert man der Forelle am besten eine Fliege? Hier zeigen Unterwasser-Aufnahmen, wie ein Fisch Insekten, Vorfächer und Fliegenschnüre wahrnimmt. Für Fliegenfischer wichtiges Know-how: Sie erfahren, wie man die Fliege selbst in mehreren Metern Tiefe maulgerecht serviert und den Biß erkennt.
192 Seiten, 152 Bilder, davon 68 in Farbe, 52 Zeichnungen
Bestell-Nr. 41282
DM 29,80
sFr 29,80/öS 218,–

Stand Januar 2000
Änderungen in Preis und Lieferfähigkeit vorbehalten

Ihr Verlag für Angel-Bücher
Gewerbestraße 10, CH-6330 Cham
Postfach 4161, CH-6304 Zug
Telefon ++41(0)41 740 30 40
Telefax ++41(0)41 741 71 15

Müller Rüschlikon